最新 エビデンス×腸活で「もう悩まない」

よだれ先生の「超実践講義」

0〜3歳までが大切

子どもがスクスク育つ「歯・口・舌」の健康 新 常識

赤ちゃん＆乳幼児編

日本歯科大学新潟生命歯学部
食育・健康科学講座 客員教授

中野智子

発酵料理研究家
発酵リカレント講師

今口早織

徳間書店

JN043653

はじめに

　生まれる前までは、「五体満足であれば、健康であれば」と、たった一つの願いだったものが、生まれた後には「もっと身長が高く、もっと賢く、もっと運動もできて」と望みはどんどん膨らんでいきます。

　今までに経験のない子育ては、不安がいっぱいで、特に初めての離乳食、何をどう進めればいいのか、わからないことだらけです。核家族化の進んだ今、相談できる相手も少なく、どうしてもインターネットの情報や書籍に頼りがちです。どの書籍にも様々な離乳食の献立が見やすくわかりやすく紹介されていて、どれも参考になるものばかりです。

　でも、大切なのは、献立の中身ではありません。

　なぜ、離乳食が必要なのか、なぜ、6か月で離乳食が始まるのか、いつ大人と同じ食事を食べることができるのかなど、離乳食に対する基礎知識を持つことです。離乳食の正しい知識を持つことにより、離乳食の献立の選び方も変わるはずです。

　離乳食の正しい知識を理解し、子どもたちの成長に役立てください。

日本歯科大学 新潟生命歯学部

日本歯科大学 新潟生命歯学部
食育・健康科学講座客員教授
中野 智子

目次 CONTENTS

「離乳食の期間」は、大人と同じ食事が食べられるようになる時期までをいいます。最近の離乳食の期間は、「6か月に始まり、1年で卒業」が目安となっています。「噛む力」「消化能力」「内臓機能」など、大人と同じになるのは3歳ぐらいなので、時間に余裕があれば2、3年かけて、離乳食から大人食へ移行することが理想です。

3歳まで決まるもの
　①味覚
　②脂肪細胞の数
　③腸内細菌の数
　④口腔内細菌の種類
　⑤脳の発達

赤ちゃん本来の機能

噛む力

舌の動き

腸内環境

1 味覚
甘味　塩味　酸味　うま味　苦味

5 脳の発達

2 脂肪細胞の数

4 口腔内細菌の種類（口腔内環境）

3 腸内細菌の数

『三つ子の魂百まで』は、幼少期の性質が一生変わらないという意味合いですが、まさに口の中も同じです。3歳までが勝負。健康の素地が3歳までに出来上がり、健康に成長する決め手となります。

　大人と同じ食事が取れるのは3歳から。それまでは離乳食の期間です。

　乳児期2歳までのお口に中は、個人差が1番大きく見られる時期です。早い子では奥歯まで生え、遅い子だと前歯だけの赤ちゃんもいます。3歳になれば、どの赤ちゃんもほとんどが生えそろい差がみられなくなりますから、早い遅いの心配はいりません。

赤ちゃんの歯と舌の成長

●生まれたての赤ちゃんから生後6か月頃まで

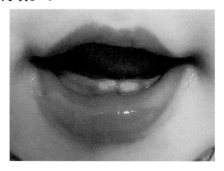

　生まれたての赤ちゃんは、小さい口で、その割に舌が大きく、液体しか入らないような構造になっています。舌と舌の上にある軟口蓋の隙間がありません。この時期、舌はまだ動かせません。

　毎日、おなかがすくと泣くようになります。泣くことで口が大きく開くようになり、お乳を吸うことで舌が運動を始めます。

　赤ちゃんは、おなかがすいた、うんちで気持ちが悪いなど、泣くことで意思表示を行います。大声で泣いたり、お乳を吸うことで、口の周りの筋肉が自然と鍛えられます。

　この時期の赤ちゃんは、空腹を感じると吸啜(きゅうてつ=吸う)を行い、満腹になると舌で乳首を押し出すという行動を3、4か月間繰り返します。この吸啜行動で、頬の筋力と口輪筋が鍛えられ、次第に咀嚼(そしゃく=噛む)準備に入っていくのです。

●生後6か月から8か月頃（離乳初期）

首が座ると、顔の表情が豊かになり、笑顔が愛くるしく感じる時期です。

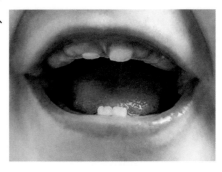

次第に大きな声で泣くようになり、徐々に口を大きく開けることができるようになります。舌と軟口蓋に間に隙間ができるようになります。生まれてすぐの時期と比べると、まったく動かなかった舌は、上下に動くようになります。舌が上下にしか動かないので、まだ、固形物を食べることができません。噛んで食べるには、歯や顎の動きだけではなく「舌」が補助的な役割を持つのです。食べ物を噛みつぶすために、口に中で食塊を移動させるのが「舌」の役目です。

●生後8か月から12か月頃（離乳中期）

前歯上下4本ずつぐらい乳歯が見られるようになります。離乳食開始時期には上下にしか動かせなかった「舌」は、次第に左右に動くようになります。

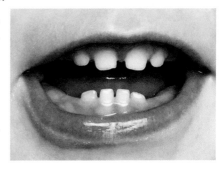

焦らず、気長にお粥中心の離乳食で、お口の中の訓練を続けましょう。舌が上下に簡単に動くようになると、舌と軟口蓋を使って、柔らかいお粥などをつぶせるようになります。歯のない赤ちゃんには、歯や顎の動きだけでなく、「舌」が補助的ながら、重要な役割を持つのです。

離乳食を始めたばかりは、舌と軟口蓋でつぶして食べていましたが、1歳近くになると口に中の左右の歯茎でつぶすことができるようになります。まだ奥歯がないので、固い食塊を自分ですりつぶすことはできません。

離乳食はあくまで、歯茎ですりつぶせる硬さにとどめましょう。

　この頃になると、離乳食に飽きて食欲が落ちる、食べ物で遊び始める、好き嫌いができるなど、お母さんを悩ませる時期に入っていきます。

「離乳食は、噛む練習」です。ミルクや母乳と混合ですので、栄養失調にはなりません。安心して離乳食を続けましょう。大事なのは食べ物の量でなく「噛む」訓練です。

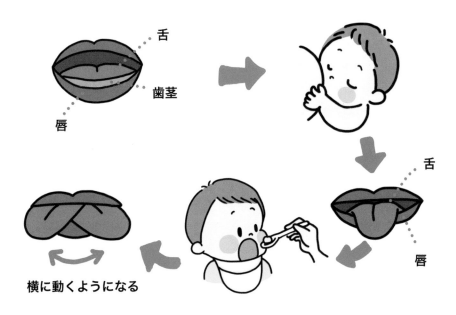

横に動くようになる

●1歳から1歳半頃（離乳後期）

　この頃になると、最初の奥歯が生え始めます。少しずつ、前歯でかじり取り、左右の歯茎や奥歯でつぶして食べることができるようになります。「舌」も左右に動かすことが徐々にできるようになり、食塊を舌で動かし、口の奥まで移動させることができるようになります。

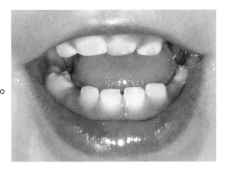

ただし、噛む力もすりつぶす力もまだまだ足りないので、大人と同じ食事を与えるのは危険です。

●1歳半から2歳頃（離乳後期）

　やっと、すべての乳歯が生えそろいます。

　大人と同じ食事ができるようになるのは、3歳。それまでの訓練は、離乳食（食事）をとることで、自然に訓練されるわけですからいかに、食事が大切か、認識しましょう。「食べること」は「噛むこと」。それには、これまで意識されてこなかった「舌」の補佐的役割、そして噛むことによって出てくる「唾液」がとても重要な役割を果たすようになります。

舌の動きを良くする必要性

　舌は、いろいろな筋肉でできていて、自由に動きますが、鍛えないと筋力が落ちて、だらんと垂れ下がった舌になっていきます。子どもの頃から舌を鍛えることが、口呼吸やアレルギーの防止につながります。また、出っ歯や不正咬合などの防止にもつながります。

舌の動きを良くするための練習法

① 唇から舌を出す運動を行う。「アッカンベー」と舌を出して遊ぶ

② ストローなどを使わず、唇を使う工夫をする

③ 歯の付け根を舌でなぞる運動を行う

④「ア」「イ」「ウ」「ベー」発音練習を行い、
　「ベー」で思いっきり舌を出す

⑤ 風船を膨らませる、シャボン玉を拭くなど、
　くちびるを使う遊びを行う

⑥ 人さじ指で、口の中からほっぺたを鳴らす

「あいうべ」体操で舌を鍛える

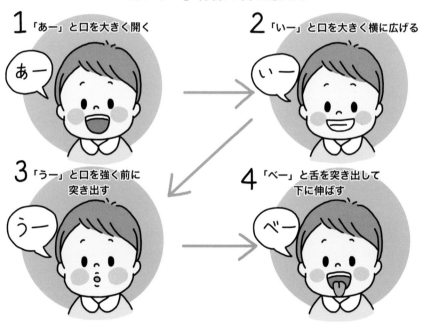

1 「あー」と口を大きく開く　あー

2 「いー」と口を大きく横に広げる　いー

3 「うー」と口を強く前に突き出す　うー

4 「ベー」と舌を突き出して下に伸ばす　ベー

子ども同士、「アッカンベー」と舌を出して遊ぶことも、
舌の訓練に役立ちます。

　昔は、よだれをいっぱい出しているよだれ掛けをした赤ちゃんをよく見かけたものでした。昔と比較すると、今の赤ちゃんはあまりよだれが出ていません。

　なぜ、よだれが出ない赤ちゃんが多いのでしょうか。

　赤ちゃんの歯（乳歯、永久歯）は、お母さんのおなかの中で、7～23週頃に完成しています。ところが、赤ちゃんの歯自体は、歯茎に覆われているために見えません。お乳を飲む際、お母さんの乳首を傷つけないように、柔らかい歯茎に覆われているわけです。お母さんのおなかの中での歯を作るための栄養環境が良くないと、しっかりとした歯が形成されません。それが唾液不足につながるのです。

飲み込む力を支えているのは「唾液」です。

　成長と共に固形物を食べるようになりますが、固形物を飲み込むには十分な唾液が必要です。

　唾液は、成人で1～1.5リットル、毎日出ていますが、食事やおしゃべりをして飲み込むことが多いので、そんなに出ている実感がありません。唾液は、大きな力を持ちます。

唾液のメカニズム

　唾液には、実は分泌される場所によって、種類と役割が違っています。

　生まれて間もない赤ちゃんが寝ているときに出る唾液は、舌下線という箇所から自然と出てきます。舌下線から出る唾液はねばねばしていて、

飲み込むためやおしゃべりするために適しています。そして、顎下腺、耳下腺という箇所から出る唾液は、殺菌力のあるさらさらとし

だ液腺導管

三大だ液腺	だ液の性質
耳下腺	サラサラ
顎下腺	サラサラ・ネバネバ
舌下腺	ネバネバ

小だ液腺

た唾液です。この唾液は自然に出ているわけではありません。咀嚼すると顎下腺と耳下腺から唾液が出ます。

　この唾液には、外敵から体を守るIgAという殺菌力の多い抗体が含まれています。

　私たちは、すべての食べ物を口から入れて、歯で咀嚼し、細かくします。そして、この時耳下腺と顎下腺から出る唾液で、食べ物を殺菌し、安全なものに変ています。そして、「胃」でより安全な栄養素に分解されて、最後にやっと栄養素として体に取り入れられるのが「小腸」です。

　私たちの体は、食べ物そのものの形状を、「異物」として認識して、排除しようとします。つまり、私たちは自分の体に不要なものと認識して、アレルギー反応を起こし、身を守ろうとします。ある意味口から胃までの器官は、体外からの食べ物を選別し、無毒化するための器官といえます。

　これが、アレルギーのメカニズムです。そう考えれば、最近の子どもにアレルギーが多いことに納得できるはずです。

　噛めば噛むほど唾液が出ます。十分に食べ物も噛み砕いて、消化率を上げることが必要です。幼少期の咀嚼力は、成人後も、高齢者になっても変わりません。幼児期にしっかりと「噛む習慣」を付けましょう。

唾液の役割

　実は、唾液には、非常に大きな役割があります。

　唾液は何もしない時はほとんど出ません。１分間に0.3〜0.5ml程度ですが、噛むことで５〜210倍の唾液が分泌されます。なぜ唾液は、こんなに大量に出るのでしょうか。それには７つの大きな役割がありからです。以下、具体的に見ていきましょう。

①粘膜保護作用
②再石灰化作用
③PH緩衝作用
④殺菌・抗菌作用
⑤自浄作用
⑥消化作用
⑦味覚作用

唾液の役割

保護作用
味覚作用
咀嚼補助作用
消化作用
PH緩衝作用
抗菌作用
洗浄作用

①粘膜の保護作用

　唾液は、誤って飲み込んだ魚の小骨、冷たすぎる、熱すぎる食べ物などの刺激から口腔内を守る役目を持っています。口内炎なども、唾液中の「ムチン」が炎症を保護してくれます。

②再石灰化作用

　歯の表面は、水晶や石英並みに固いエナメル質に覆われています。その硬さは、口の中が酸性に偏ればエナメル質からカルシウムが溶け出し、歯の表面は脱灰を起こします。

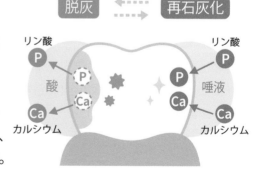

脱灰 ⬅┈┈ ┈┈➡ 再石灰化

リン酸　P　酸　P　Ca　Ca　カルシウム

リン酸　P　P　Ca　唾液　Ca　カルシウム

これがむし歯の始まりです。

　唾液は、酸性に傾いた口の中の環境を中性に戻そうとします。唾液が多ければ、歯の表面は再石灰化して健康な歯に戻ることができますが、唾液が少なければ、むし歯ができてしまうのです。

③PH緩衝作用

　通常、口の中のPH値は、PH6.7から7.0が基準とされます。

　口の中のPH値は食べ物を食べると酸性になり、PH5.5以下になると、むし歯になりやすくなります。

　歯磨きを一生懸命してもむし歯になる子どもは、唾液中のカルシウムが不足しているか、唾液が少ないか、安全なPHになっていない、のいずれかが考えられます。歯磨きをしなくてもむし歯にならない子どもは、唾液や唾液中のカルシウムが十分あるということです。

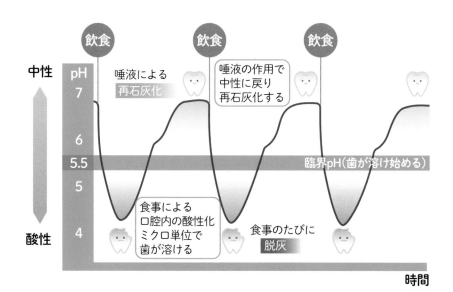

④殺菌・抗菌作用

　口の中は、悪い細菌と良い細菌が常在細菌として３歳頃までに定着します。

　３歳までに耳下腺や顎下腺から殺菌力ある唾液を十分に出せるように「噛むこと」を習慣づけることでむし歯になりづらくなります。

　それだけではありません。インフルエンザなどの風邪予防にも、この殺菌力が効果的であることが報告されています。

⑤自浄作用

「自浄作用」とは、食事をした後、自分の唾液で食べかすを飲み込んでしまう作用をいいます。唾液だけでなく、舌や頬の筋肉が働くことで、もっと飲み込みやすくなります。

⑥消化作用

　唾液には、アミラーゼという消化酵素が含まれています。噛むことによって、たくさんの唾液を出し、唾液の中の消化酵素アミラーゼと噛み砕いた食べ物と混ぜ合わせることが、スムーズな消化につながります。

⑦味覚作用

　私たちは、唾液で食べ物が分解され、舌にある味蕾細胞が味を感じ取ると「おいしい」と感じます。味蕾細胞には、個人差があり、何を食べて「おいしい」と感じるかは、３歳までに決まってしまいます。お母さんの与える食事、特に３歳までの影響が決定的なのです。「おかあさんが痩せていれば子どもも痩せている」「お母さんが太っていれば子どもも太る」といった体型は遺伝によるもの考えられていましたが、実はお母さんと同じ味覚に育ち、同じものを食べた結果が体型に出るのです。

◆唾液を出す方法

舌の体操 唾液の分泌がよくなるので、お口の自浄作用が増し、口臭予防にも効果的です。

①舌を前に出します
（3回）

②出した舌を左右に動かします
（各3回）

③舌でくちびるをゆっくりなめます
（3回）

他にも、日常的に行えることとして、
●よく噛む
●唾液腺がある場所をマッサージする
●舌を動かす
●水分補給を十分に行う
●キシリトールガムやグミを噛む
が効果的です。

悪戦苦闘するブラッシングがなぜ、必要なのでしょうか。

なぜなら、口腔内細菌もまた、3歳までに決まってしまうからです。良い菌もむし歯菌などの悪い菌も3歳までに定着し、その環境は一生変わることがありません。

「うちの子は歯磨きを全くしないのに、むし歯にならない」「うちの子は、毎日きちんと歯磨きをするけどむし歯だらけ」というママさんの談話を聞きます。第3章でもお話ししたように、むし歯の原因は3歳までの口の中にあるのです。まず、乳歯が生えそろう時期（1歳6か月から2歳頃）に悪い細菌が定着します。それから3歳までに、悪い細菌だけでなく、口腔内を維持するいい細菌も定着するからです。歯磨きは離乳食の始まりと共に、スタートさせたいものです。

離乳初期の歯磨き

当然、離乳食が始まる時期には下の歯が生えてきます。この時期から、歯の掃除が必要となります。もう、歯ブラシでブラッシング？　と思われるかもしれません。

赤ちゃんの離乳初期の清掃は、習慣づけ80％、20％清掃程度を目的にしましょう。

赤ちゃんの離乳初期の清掃は、上の写真のように、水分を含んだガー

ゼやスポンジブラシなどを使って、そっと口に入れて行います。スポンジブラシは、もともと高齢者の口腔内清掃に使われていましたが、乳児にも代用できます。いずれも、水にぬらして使います。目的は、赤ちゃん口のなかに、異物が入っても嫌がらず、離乳食の後に清掃することを習慣づけることです。

　嫌がるのは当たり前です。ご機嫌を取りながら、ほめながら進めていきましょう。

離乳中期（前歯が生えそろってきたら）の歯磨き

　離乳初期から、口の中のお掃除を始める指導を行いましたが、遅くなっても大丈夫です。ブラッシングの習慣づけは、まだまだ遅くありません。今からでも食べたら磨くという意識を持たせることが大切です。

　むし歯菌など、悪い菌は、離乳食の初期、中期から増えることが報告されています。昔は、お母さん、お父さんが、自分の箸で取り分けたものを子どもの口に入れてあげるなど、当たり前でした。ところが現代では、大人の箸での取り分けは、タブー‼

　大人の口腔内細菌が子どもへ移るからです。

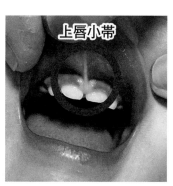

上唇小帯

　この時期のブラッシングは、歯の汚れを取り除くことより、悪い口腔内細菌を増やさないこと、口腔内には歯ブラシなどの異物が入っても我慢できること、この2つが目的です。

　上唇小帯（じょうしんしょうたい）に、歯ブラシが当たると、かなり痛がります。上唇小帯には、ご用心‼

離乳食後期の歯磨き

　乳歯が生えそろってきたら、離乳食も次第に固形化していきます。

　のどをつかないように、赤ちゃんが持ちやすい形状、歯固め兼用など、いろいろな形状の歯ブラシがあります。おもちゃ感覚で、持ちやすいものを選んであげましょう。

　そして、大切なのは、ここからです。

　赤ちゃんが歯ブラシをした後に、必ず、お母さんお父さんで、仕上げ磨きをしてあげましょう。磨きが足りない時でも嫌がっていても、「ブラッシングの時は口を開ける」、という習慣づけが大切です。歯ブラシが嫌いな赤ちゃんは、固く口を閉じて嫌いな意思表示をするようになります。叱らずに、ほめながら、口を開けるようにしましょう。

　子どもの歯磨き粉は、フルーツ味など甘めに作ってあり、多少飲み込んでも安全なようになっています。味でごまかすことも大切です。

　そして、完全に乳歯が生えそろった時期に、自分から歯ブラシを持つようになれば、ブラッシング準備完了です。

「大人の歯に生え変わったら、ちゃんと歯磨きをさせる。大人の歯に生え変わってからが重要」は大きな間違いです。

◆いろいろな種類の歯ブラシ

幼少期の歯磨き

　柔らかいものばかりを食べさせていると、子どもは舌や歯を使わずに飲み込む習慣が付いてしまいます。噛む習慣ができないまま成長すると、固い食べ物を避けるようになります。おしゃぶりや爪噛みをすることにより、歯そのものは健康な歯でも、歯並びや呼吸法を大きく変えてしまします。昔に比べて「歯の矯正」が増えたことも噛む習慣が身に付かなかった結果です。

　自分の歯で、しっかり噛み砕き、自分の唾液で飲み込む。

　離乳食同様、乳幼児の歯磨きも、習慣づけを目的にしてください。

◆歯科への通院経験
N=724

これまでに歯医者にかかったことがない **20.7%**

現在通院している、もしくは、定期的に通院している **45.4%**

33.9%

歯医者にかかったことがあるが、現在は行っていない

◆歯科への通院目的
（歯科通院者ベース）N=3,369

- 定期健診 85.4%
- フッ素塗布 54.0%
- 虫歯の治療 23.9%
- 歯石除去 14.0%
- シーラント（歯の溝の虫歯予防）11.6%
- 歯の色のクリーニング 2.8%

上唇小帯に注意!

上の前歯の歯茎のすじの部分
（上唇小帯）に歯ブラシがあ
たると痛いので、人さし指で
この部分をガードしながら
みがくとよい。

奥歯のかむ面

歯の深い溝の部分に汚れ
がたまりやすいので、奥歯
が生えてくる3歳ごろから
は注意が必要。歯ブラシを
溝に直角にあてて、小刻み
に動かす。

歯と歯茎の境目

歯の表面をみがいたら、
歯茎との境目にも歯ブラ
シをあてることを忘れず
に。歯ブラシを斜めにあ
てると、汚れをかき出し
やすくなる。

やすい場所とみがき方

上の前歯の裏

2歳ごろまでは特にむし歯になりやすい。歯ブラシを縦にして使い、汚れをかき出すようにみがく。ほ乳瓶を使っている場合は特に念入りに。

奥歯の歯と歯の間

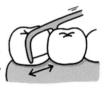

第二乳臼歯が生えたらフロスの使用を。フロスは歯と歯の間にそっと差し入れて前後に細かく動かし、汚れをかき出すように引き抜いて。

歯ブラシの選び方・持ち方

選び
- 子ども用と、おうちの方の仕上げみがき用の2本を別々に用意する。
- ヘッドの幅がせまく、ブラシの毛は短めのものを選ぶ。
- 毛先が開いてきたら(ブラシの裏側から毛先が見えたら)交換する。

持ち

ペンを持つようにして軽く持ち、やさしく小刻みに動かす。毛先は基本的に歯の面に対して直角にあてる。

第5章

正しい咀嚼とは

　食べ物を前歯で噛みきり、舌で食べ物を口の奥に移動させながら、左右両方の歯でバランスよく奥歯ですりつぶして、飲み込む。この一連の咀嚼運動を閉じた口の中で行うこと。

　食べ物が柔らかくなりすぎたことで、顎の骨が成長せず、歯並びが悪くなり、左右両方でバランスよくかむことができない子どもが多くなっています。

　私たちは噛むという動作で、奥歯で40 〜 60kgの力をかけて食べ物をすりつぶしてます。睡眠時には、250kgの力が歯にかかることが報告されています。正しい咀嚼をさせるためにも、「健康な歯」「舌」「唇の使い方」を十分に養わせてあげることが肝心です。

離乳食と咀嚼の関係

「離乳食は、なぜ、必要ですか?」と質問をすると、「母乳やミルクだけでは、栄養が足りなくなるから」という答えがかえってきます。離乳食を始める理由は、母乳やミルクだけでは栄養不足になったからではありません。

　いずれ、誰もが成長と共に、足りなくなる栄養を、食品(食事)から取らなければなりません。大人になればなるほど、たくさんの食材を食べるようになります。このとき必ず必要なのが、食品を噛んで口

の中で小さくすることです。離乳期間は、噛む練習期間なのです。なるべく定時に食事をとるように習慣付けて、食べ物をしっかり咀嚼し、自分の唾液で飲み込めるようにしなければなりません。

　離乳食を通じてバランスよく、「噛む」ことの重要性を乳幼児のときから身につけさせましょう。

離乳食の役割
　① 食べ物の味、におい、色を覚えさせる
　　（味覚と五感の形成）
　② 固形物を食べる練習と習慣づけ（噛む力を育てる）
　③ 食べることが楽しい、と思わせる食欲への導入
　④ 今後の成長のための口腔内機能の形成
　⑤ 成長のための栄養補給

五感

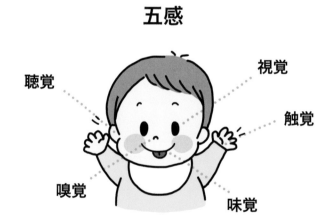

聴覚　視覚　触覚　嗅覚　味覚

望ましい離乳食の開始時期

　昔は、4か月もたてば、離乳食を始めてもよい、という指導でした。ところが現代では、目安を『生後6か月』と昔に比べて遅くなりました。なぜでしょうか。

　私たちの気道と食道は、口の中で二股に分かれ、気道と食道は「蓋（ふた）」により使い分けが行われます。生まれたばかりの赤ちゃんは、首が座っておらず大人の手や腕で支えて安定させる必要があります。気道と食道の間の「蓋」の使い分けができないので、お乳をのませた後、お乳が逆流しないように、「げっぷ」をさせなければならないのです。

　首が座ると、次第に上半身が訓練されて、ミルクの逆流も少なくなっていきます。

　離乳食を始める目安は、首の座った時期と考えています。

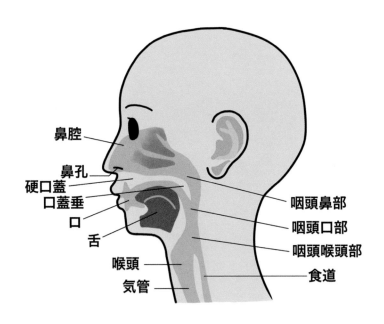

鼻腔
鼻孔
硬口蓋
口蓋垂
口
舌
喉頭
気管
咽頭鼻部
咽頭口部
咽頭喉頭部
食道

3歳までに決まる味覚の形成

　噛むことは食べ物を小さくし、胃でのスムーズな消化につなげる役割を持っていますが、それだけではありません。

　噛むこと(食事)は、五感(視覚、聴覚、味覚、臭覚、触覚)機能すべてを使って行われます。

　周波数の高い音楽を聴くことが胎教に良いということも裏付けがあるように、おなかの中でも、お母さんの声を聴き分けることができます。「味覚」は、おなかの中にいる間、お母さんからもらった羊水から形成されていきます。

　羊水やお乳の味は、甘く、苦みがないので、赤ちゃんの味覚は、「甘味」から始まります。

「臭覚」も、同様に、赤ちゃんは、お母さんのにおいを胎内からかぎ分けているのです。

　そして「触覚」。赤ちゃんは、おなかの中にいるときから、お母さんの手のぬくもりやさすってもらうことを敏感に感じ取ることができます。このように、視覚以外の五感は、胎内ですでに完成しています。

　これらの五感は、実は、おいしく食べるための準備につながっています。「甘味」自体は、お母さんの羊水の中で自然に身についた味覚です。でも、それ以外の、塩味、うま味などは、お母さんの作る離乳食で身につく味覚です。100％お母さんの責任です。

　味覚の基準は、羊水の「甘味」です。

　離乳期に、果物など甘味高いものを与えると「甘味」の基準がどんどん高くなり、塩味など味付けが濃くなっていきます。果物は、健康的と勘違いされがちですが、果糖は問題だらけです。おやつや離乳食に果物を与えることはやめましょう。

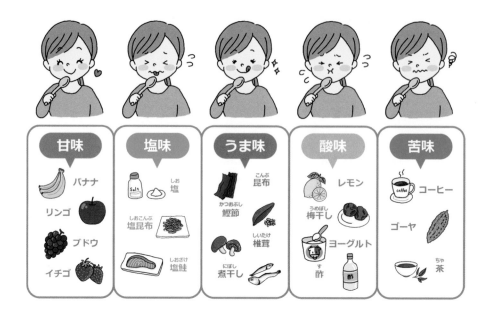

離乳食で注意すべきこと

離乳食について、いろいろな指導書が出ています。どの育児書を参考にされても大差はありません。大切なのは、離乳食とは、栄養指導より「噛む力を養うこと」。

重要なので何度も繰り返しますが離乳食の目的は、栄養摂取ではなく、「咀嚼（噛むこと）の習慣づけということ」を忘れないでください。離乳食は、気分、食欲、皮膚に現れる症状、便通など赤ちゃんの様子を見ながら、適切なメニューを選びながら進めなければなりません。個人差があり、お手本がない経験もない離食を作るわけですから、食事は不安ばかりです。

注意1 個人差を考え無理強いをしないようにしましょう

注意2 1種類を単体で与えはじめ、乳児の耐用性を見ましょう

注意3 アレルギー性の低い、消化のいいものを選びましょう

注意4 味付けを避け、素材の味を教えましょう

注意5 液体から始め、徐々に固体化させます

同一食品で、液体と個体を混ぜること

注意6 流動性ある食品でも離乳食に適していない食材もあります

注意7 油などの脂質含有量の高いものは避けましょう

注意8 良質なたんぱく質を選びましょう

注意9 人工甘味料や化学物質含有調味料は避けましょう

注意10 甘すぎる果物は避けましょう

注意11 食品の食べ合わせを考えましょう

　この中でも、特に注意したい点は、以下の3項目です。

注意7 脂質含有量の高い食品を避ける理由

　将来の肥満を予防するには、乳児期に粗暴細胞の数を増やさないことです。脂肪細胞の数は、お母さんのおなかの中から離乳食の時期、ほぼ3年で決まる、と報告されています。そして、その間に確立されるのが、「味覚」、好きなものや食べたい嗜好が決まるのです。

　味覚の中で、1番最初に感じるのが「甘味」です。

　甘味は、本能的味覚といわれ、母乳や粉ミルクで育った子ども赤ちゃん全員が持つ味覚です。

　次に、「塩味」「うまみ」を感じるようになります。お母さんに初めて作ってもらった離乳食についたかすかな味付けから、身につく味覚です。

　最後に「酸味」「苦味」を学びます。この2つの味覚は、人が食べ物を口にした時、食べていいものかどうか、腐敗していていないか、見極めるための用心棒的味覚です。

　こういった離乳食から学び始めた嗜好は、成人してからも一生変わ

ることがありません。食べなれた食材は、おいしいと感じます。

　北海道出身のご高齢の方は、「ジャガイモがおいしい」。鹿児島県出身のご高齢方は「サツマイモがおいしい」という傾向にあることが報告されました。このことからも幼い頃の味覚(嗜好)が、一生影響されることがわかります。「何を食べて育ったか」。子ども達には、いろいろな種類の食材を味あわせたいものです。

　昔と違って今の食べ物は脂質含有量が20％程度高くなっていることも報告されています。

注意8　良質のたんぱく質を選ぶ

　実は、たんぱく質には、たんぱく価という栄養の度合いが定められています。

　簡単に、高い順番で並べると①卵　②牛乳　③肉　④魚　⑤大豆製品

　圧倒的に、卵のたんぱく価が高く、子どもにも、老人にも必ず食べてもらいたい推奨食品です。

　ただし、肉類や魚は、アレルゲンになりやすく、脂質含有量も高いので、1歳の誕生日を迎えてからにしましょう。

　成人した日本人には、肉：魚の摂取量は1：1が望ましく、高タンパク質が長寿を作ると言われています。しかし離乳食においては真逆です。特に、魚で注意しなければならないのが、鮭や甲殻類です。エビやカニなどの甲殻類は「健脳食」と言われ、脳の栄養には欠かせない成分ですが、赤い色の魚介類は乳幼児にとって、遅ければ遅いほど成長してから食べることをお勧めします。

　かといって、注意しすぎて、食事に片寄りがありすぎると味覚の中毒

化を招きます。すると、いろいろな食材の消化ができにくくなってしまいます。

満遍なく、いろいろな種類の素材が感じられる食材を選んであげましょう。

注意10　甘すぎる果物は避けましょう

果物は健康にいい、というイメージがありますが、大きな間違い!!

元々、昔から、酸っぱいミカンやほんのり甘いイチゴからビタミンやミネラル補給を目的とした食後のデザートでした。ところがいつの頃か、消費者の好みで食べやすい過剰に甘い果物へと変わってしまいました。

今では、果汁は離乳食としては与えてはいけないもの。乳幼児のおやつでも甘すぎる果物は避けましょうと呼びかけています。

果物の甘さは、赤ちゃんの最初の味覚である「甘味」の基準を大きく変えてしまします。

甘すぎる甘味が基準となると、次第に味付けの濃い嗜好になっていきます。うっすらと甘い「甘味」を維持させたいものです。

果物はあまり好ましくない

　赤ちゃんの離乳食は、スプーンを使う人がほとんどです。

　赤ちゃんは、生まれてからこれまで柔らかい乳首しか口に入れたことがありません。最初の離乳食は、なるべく抵抗がないように、プラスチックや木製のスプーンを使い、違和感をなくすように心がけてあげましょう。

スプーンでの与え方

　スプーンの前のほうに少なめ盛って、唇にチョンと当てると赤ちゃんの口は反射的に開きます。このときに、口の中までスプーンを押し込まないようにします。

　機嫌が悪い時は、止めても構いません、無理じいしないようにしましょう。普段のスプーンになれてくれば、舌の上にスプーンを使って食べ物を置いても嫌がらなくなります。それまでは、焦らず、少量で構いません。

　昔は、母乳や粉ミルクは、栄養価が少なくなる、むし歯ができやすくなる心配から、「断乳」を進められる場面が多かったものです。今は、「卒乳」と言って、自主的に、赤ちゃん自身がお乳を飲まなくなるまで、お乳は与える指導に代わりました。

　最初の離乳食は、さらっとして流動食から始めます。まずは、お米を使ったお粥からスタートしましょう。さらに、炊き込むことで、さらさらからドロドロの濃度の濃い離乳食になります。

注意1　１種消化類の食材を、１さじから与えましょう
注意2　無理に食べさせない
注意3　離乳は、ゆっくりと、少しずつ

　特に**注意2**は、よく食べる時もあれ
ば、まったく食べたがらない時もありま
す。食べなくても、心配せず、離乳は
ゆっくり進めましょう。無理やり食べさ
せて、食べることが不愉快にならないよ
うにしましょう。

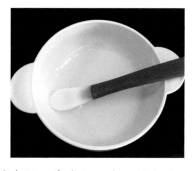

　離乳を進めていくと、徐々に内蔵機能
の基礎も備わっていきます。消化・吸収能力は、生まれつきではなく、
離乳食を始めることで、徐々に内臓の臓器の基礎が備わっていきます。
　この３つの注意事項をもっと具体的に学んでいきましょう。

●首が座った頃の離乳食（生後６か月頃）

　まずは、お米を使った10倍粥。アレルギーもなく、消化にも良い炭
水化物が無難です。食べたもので具合が悪くなると大変ですから、第
１回目の離乳食は、念のために午前中に与えてみましょう。
　お米の10倍粥をしばらく続けて、次にイモ類や癖の少ない野菜を与
えます。
　イモや野菜など根菜類を茹でて裏ごしし、液体にちかいとろとろの
状態で１さじ与えます。
　皮膚やうんちに変化がなければ、徐々に増やしていきましょう。
　理想的な量は、開始から２か月で１食10さじ程度です。
　いろいろな育児書には、離乳初期から豆腐、白身魚などを与えても
いいことになっていますが、炭水化物や野菜で練習することをお勧め
します。赤ちゃんの消化能力は、未熟ですから、たんぱく質の摂取が
内臓の負担になりがちだからです。

離乳初期は、母乳や粉ミルク以外の液体を飲ませる訓練です。

●離乳食を始めて3か月頃

　離乳食を始めて3か月頃、というと大体生後9か月頃になります。

　この段階では、舌を上顎にくっつけてつぶす動作を学ばせます。

　離乳食の回数は、午前1回、午後1回。米粥であれば7分粥。イモや野菜は、離乳食を始めた頃より水分が少ないトロリとした物で構いません。7倍粥とイモや野菜を別々に与えます。

　まだまだ味覚は完成していませんので、食材を混ぜて与えることは避けましょう。

　なれてきたら10倍粥から7倍粥へとゆっくりと練習させていきましょう。ご飯は、主食ですから、赤ちゃんも飽きることはありません。

　9か月頃より、卵黄や白身魚も少しずつ与えていきます。この時期の離乳食は、何を与えていいか、迷うくらい食材の種類限られています。米粥、ジャガイモ、サツマイモ、ニンジン、ほうれん草、白菜…、食べなれた根菜類を根気よく使いまわして食べさせます。種類より、食べ物のドロドロ程度が大切。舌を使ってつぶすことの練習です。

　新しい食材を試す場合は、午前中に試し、お昼からは食べなれた食材のみにします。

　何か異変があれば、すぐにお医者様を受診できるようにしておきましょう。

●1歳を迎える頃

　舌と上顎でつぶして食べていた時期から、口の中の左右の歯茎でつぶすことができるようになる時期です。消化能力も発達してきますので、流動食だけでなく、時々固形があっても構いません。

　ただ、この頃に離乳食に飽きて食欲が落ちる、食べ物で遊び始める、好き嫌いができる、などお母さんを悩ませる時期に入っていきます。

　焦らずに、食べさせることがストレスにならないように！

●1歳から1歳半頃を目安とした離乳食

　この頃、最初の奥歯が生えてきます。少しずつ、前歯でかじり取り、左右の歯茎ややっと生えてきた奥歯でつぶして食べるようになります。ただし、噛む力もすりつぶす力もまだまだなので、大人と同じ食事を与えるのは危険です。

　この頃に、朝、昼、晩の3食のリズムをつけましょう。3食は、決して量を問題にしてはいけません。あくまで離乳食を与える時間帯です。たくさんの量を1度に食べることができませんが、全身運動を行う赤ちゃんにとっては、エネルギーが不足しがちなので、3食で足りない分は、「おやつ」として与えましょう。離乳期間は、4食に近いものになります。

　赤ちゃんにとって、すべてが刺激的で、興味があちこちにいきます。あまり神経質にならず、ゆったり構えることです。

　おなかがすけば、自然と食べます。

● 1歳半〜2歳頃の目安

　2歳頃、ほぼこの時期にすべての乳歯が生えそろいます。生えそろったからといっても、消化能力がまだまだ未熟ですので、できれば腸内環境の基礎ができる3歳までは、大人と同じ献立は避け、食材の大きさ、茹で加減、味付けは、大人の半分程度が望ましいでしょう。

　食事の時に、当たり前のようにお茶や水をおきがちです。子どもは、味がなくなるまで噛んで飲み込むことが苦手です。嫌いなものは、お茶やお水で流し込もうとします。自分の歯や歯茎でしっかり噛んで、自分の唾液で飲み込む習慣をつけなければなりません。食事が終わった後に、飲料を出すことで、丸のみ防止対策や歯についた食物残渣を洗い流す役目を果たします。

　2歳になると、味覚、嗜好ができ始め、好き嫌いを主張するようになります。「あまり好きでない」という感情を「大嫌い」にしないように工夫しましょう。

　お父さん、お母さんの食生活が、子どもの食生活そのものになります。外食が多い、朝抜き、夜型生活など生活環境が食事に反映されることを自覚し、「親都合」を反省しなければなりません。

お母さんが就労している場合

　近年、時代が変わり、乳幼児を保育所に預けて働く家庭がほとんどです。保育環境が著しく改善されています。

　では、どのように働いているお母さんは、離れたわが子に授乳や離乳を行えばいいのでしょうか。

授乳の仕方

　保育園では母乳を預けることができます。母乳を搾乳した後、冷蔵や冷凍で保存した後、保育所で加温解凍して与えることができるようになっています。

　ただし、冷蔵の場合は、24時間を超えないようにしなければなりません。冷蔵、冷凍にかかわらず、1度加温した母乳は、再保管できません。

　母乳は、お母さんの母体の健康に影響しますので、多量に搾乳できた時は、余分に冷凍しておくことも必要です。赤ちゃんを育てる環境改善には、国を挙げて取り組まれていますので、保健センターなどを利用して、積極的に相談を行ってください。

　昔は、子どもは家庭で育てるものでしたが、今は子どもは社会で育てるものに代わってきました。

離乳食の与え方

　保育所での離乳食は、母と子と違い保育士さんと赤ちゃんという1対1ではありません。しかし食事時間や生活リズムが安定しているという利点があります。市販のベビーフードを与えるだけでなく、みんなと一緒で安心できるはずです。暖かい温度設定で食事に提供が行えることもうれしいことです。

保育所での給食の役割

　①子ども同士が同じ献立を食べることで、お互いの親近感を持つ
　②偏食の矯正や家庭で提供しにくい食べ物への嗜好を培い、
　　正しい食習慣を確立する
　③食事を通じて、お互いの思いやり、
　　円満な人間関係、社会生活の在り方を学ぶ
　④家庭と連携を取り、地域社会の子どもの食生活の改善を行う
　⑤お母さんの弁当作りの負担軽減

市販のベビーフードの選び方

　今から100年ほど前、日本の赤ちゃんは10人に１人が栄養・消化の問題、細菌性疾患で亡くなっていました。冷蔵庫がなかった時代に「栄養価が高く、衛生的な食品で育てる」を目的にベビーフードが開発されました。「市販のベビーフードなんて使って」と批判されていた時代と違い、市販のベビーフードも随分と進化しました。

　そして1980年以降、共稼ぎに増加により、市販のベビーフードは安価で手軽な育児必須食材になりました。缶詰め、瓶詰、レトルトパウチなど400種類もあります。忙しい家庭には心強い食べ物です。

市販のベビーフードの選び方

　① 開封後保存せず、

　　１回分を使い切るぐらい少量の内容量を選びましょう

　② １種類単体で容器に入れてあるものを選びましょう

　③ 塩分が多い麺類は、塩分含有量を見て選びましょう

　④ 果物はあまりお勧めしません

　⑤ 保存剤不使用、味付けがないもの

　市販のベビーフードには非常に便利な一方で欠点もあります。2002年乳幼児栄養調査によると、ベビーフードで育った子どもは、「偏食」「丸のみ」「咀嚼回数が少ない」という報告があります。市販のベビーフードは、柔らかく、十分に噛まなくても飲み込むことができます。市販と手作りのベビーフードをうまく使い分けてもらいたいものです。

市販ベビーフードと手作りベビーフードの違い

市販のベビーフードと手作りベビーフードは、栄養面ではあまり変わりませんが、咀嚼(噛む力)回数など口の中での溶け具合が大きく違います。

現在、市販されている離乳食は、乾燥した野菜やイモ類に、再度、水を加えて加工したものが主流です。もしくは、調理した食品を急速冷凍して乾燥させたフリーズドライ製品です。

これらの食品は、水分や唾液を含むと簡単に溶け出し、噛まなくても飲み込むことができます。

それに比べて、家庭で作るベビーフードは、赤ちゃん自身の舌と上顎でつぶしながら、唾液と混ぜ合わせて飲み込まなければなりません。水分や唾液だけでは溶けてくれません。

この舌と上顎でつぶす動作(噛む力)が、比較すると大きく違います。

毎日とは言いません。何日に1回でも構いませんので、手作りベビーフードを与えてもらいたいものです。

大人用のお粥も市販されていますが、子ども用との違いは塩の量です。大人用のお粥は塩で味付けしている場合が多く、離乳食には不向きです。

ただし、台風や地震などの自然災害を意識して、市販のベビーフードをローリングストック(食べながら保存していく食品)として備えておくことは必要です。

咀嚼回数が減った理由

厚労省は、乳幼児の食事に対して、栄養成分、接種食品数(食べる食材の種類)を指導しています。栄養と食材の種類は、成人後の味覚、腸内環境など、健康の基礎となります。3歳までに、口腔内細菌、咀嚼力、味覚と腸内細菌が決まり、成人後の健康維持の決め手となります。

赤ちゃんの食欲は、食事を提供する「お母さんの姿勢と感情」に左右されます。健康の基礎ができる3歳までの時期は、神経質になる必要はありませんが、心がけは大切です。なぜ、咀嚼回数が減ってきたのでしょうか。

　咀嚼回数の減少は

①食材そのものの硬さが減った。

②食材の種類が豊富になり、固い食材を選ばなくなった。

③顎が発達せず、噛むことができない。

　等の理由が考えられます。昔の野菜は、筋っぽくて、苦みも多く、食べにくいものでした。最近の野菜は、消費者のニーズに合わせて、食べやすい野菜に品種改良されて、ちょっと噛んだだけで飲み込めるようになりました。

◆咀嚼回数の推移

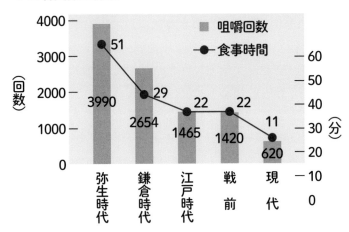

　厚労省と日本歯科医師会は、食べ物を口に入れたら30回以上噛む「噛ミング30」を推奨していました。現在ではあまり聞かれなくなりました。「噛ミング30」は、あくまで食材が固く噛み砕いて飲み込むことが大前提で、食材そのものが柔らかくなった現在の食環境では30回噛むことが難しいからです。

食材は、見た目には昔も今も同じに見えますが、「噛む回数」はかなり減ったのは食材の変化がもたらした結集だったのです。

噛む力は呼吸へも影響する

「噛む力」は、呼吸の仕方（口呼吸、鼻呼吸）に影響を与えます。

　母乳やミルクの時期は、どの赤ちゃんも鼻呼吸です。

　ところが、最近鼻で空気を吸うのではなく、無意識に「口」を使った呼吸になる子どもが増えています。コロナ感染症の流行で、マスクが必要となり、見えないところで、口は開きっぱなしとなっていた影響もあるでしょう。

　呼吸するとき、私たちは1日1万リットル（15kg）の空気を吸っていますが、鼻呼吸の場合、鼻の粘膜や鼻毛が空気をろ過してくれて、体に安全な形になり入っていきます。

　ところが口呼吸の場合、空気がそのまま体の中に入っていくことになります。インフルエンザや細菌感染は、鼻呼吸をすることでで予防対策となります。

　同じ顔面にあっても、「口」は消化器官、「鼻」は呼吸器官に分類されています。「口」は食べるためのもの、「鼻」は呼吸するためのもの。

　口呼吸を続けることは、口腔内が乾燥するドライマウスの原因になり、感染症への免疫機能の低下も起こります。また、口唇閉鎖力が低下し、出っ歯などの歯列や咬合など、美容面にも悪いことばかりです。

◆理想的な正しい噛み合わせ

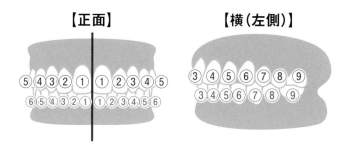

【正面】　　　　　　　【横（左側）】

落ちベロで口呼吸の人と、正しいベロポジで鼻呼吸の人では

顔までこんなに変わります！！

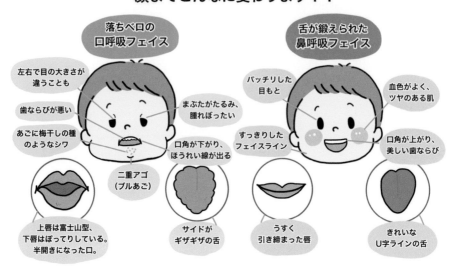

落ちベロの
口呼吸フェイス

舌が鍛えられた
鼻呼吸フェイス

左右で目の大きさが
違うことも

歯ならびが悪い

あごに梅干しの種
のようなシワ

まぶたがたるみ、
腫れぼったい

口角が下がり、
ほうれい線が出る

二重アゴ
（ブルあご）

上唇は富士山型、
下唇はぼってりしている。
半開きになった口。

サイドが
ギザギザの舌

パッチリした
目もと

血色がよく、
ツヤのある肌

すっきりした
フェイスライン

口角が上がり、
美しい歯ならび

うすく
引き締まった唇

きれいな
U字ラインの舌

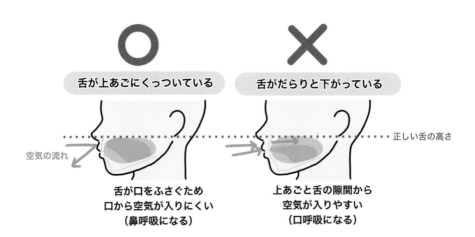

○

×

舌が上あごにくっついている

舌がだらりと下がっている

正しい舌の高さ

空気の流れ

舌が口をふさぐため
口から空気が入りにくい
（鼻呼吸になる）

上あごと舌の隙間から
空気が入りやすい
（口呼吸になる）

学童期の肥満の訳

小学生の健康状態について、「肥満ぎみ」という報告があります。

食べ物の種類が増えたものの、柔らかい偏った食事と運動不足から、年々小学生の健康が問題になっています。実は肥満は、小学生になって急に起こるものではなく、3歳までに決まる脂肪細胞の数が影響することがわかっています。

3歳までに飲み込むようにして食べる、よく噛まない、しょっちゅう口を動かすなどの食生活の習慣より、脂肪細胞の数が増加気味になっています。さらに、食品の脂質含有量が増えたことなどから、脂肪細胞の数が昔に比べて多くなっているのです。

成長するにあたり、この脂肪細胞が膨らんだり、しぼんだり。それが体重増加につながるのです。そして、この脂肪細胞の数自体は3歳までに決まると言われています。

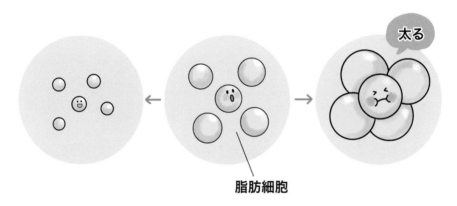

脂肪細胞

食べ合わせで気をつけること

いろいろな食材がありますが、最近の野菜は、「食べ合わせ」が問題になるものも多いようです。

まず離乳食では、1種類（単体）の食材を食べることを進めます。これは、栄養のことを考えず、「噛むこと」「味覚の確立」など、訓練を目的にしているからです。ところが、1歳を過ぎ、2歳近くになると、複数の食材

に組み合わせに移行しなければなりません。口腔内機能が備わってくると「噛む訓練」から「栄養摂取」に目的が変わるからです。

　そこで取り入れたいのが、「食べ合わせ」という概念です。

　右のイラストは、家庭でも、外食でもよく見られるサラダです。実はこのサラダの食べ合わせはNGなんです。

　どこが、マイナス点か、わかりますか？

　見た目には、色合いもよくきれいなサラダですが、実はトマトときゅうりは相性が悪いのです。きゅうりの酵素がトマトのビタミンCを破壊してしまうからです。離乳食でよく使うしらすも大根おろしと相性が悪く、しらすの必須アミノ酸の吸収を大根の抗体が阻害してしまいます。トマトとブロッコリーのように、なるべく栄養を阻害されない野菜の組み合わせを心がけましょう。

第7章

3歳までに決まる腸内細菌の数

　私たちの体には、不要になった栄養の残りかすを「便」として体の外に出す『大腸』があります。

　この大腸には、隙間なく腸内細菌が張り付いていて、お花畑のように見えることから「腸内フローラ」と呼ばれています。この隙間なく張り付いている腸内細菌は、重さにして1〜2kg、最大1000兆個もあるのです。菌の種類は1000種類以上あり、これらの細菌は、「善玉菌」「悪玉菌」「日和見菌」の3種類に分けられます。赤ちゃんはお母さんの産道を通って生まれますが、このとき、お母さんの腸内細菌に接触して、お母さんの細菌を引き継ぎます。生まれ持ったお母さん譲りの腸内細菌です。さらに離乳食により、3歳までに腸内環境がほぼ完成すると報告されています。

　3歳頃の子どもは、悪玉菌：善玉菌：日和見菌の割合が、1：2：7と理想的な割合に保たれています。

　この理想的な割合が成長と共に食べ物によって大きく変わっていきます。実はヨーグルトなどの発酵食品が推奨されるのは、この理想的な割合に保つためなのです。決して細菌の数が増えるわけではありません。

　私たちは食事によって、崩れてしまった細菌を理想的な割合に簡単に戻すことができます。

「悪玉菌」は名前から悪い菌なのでないほうがいいというのは間違いです。

「善玉菌」は発酵活動を行い弱酸性を保つ役割を持ちます。適度な運動も、理想的な腸内細菌の割合を維持するためには必要です。

　この理想的な割合の腸内細菌をいかに離乳食で完成させていくか、一緒に学んでいきましょう。

腸内フローラ	悪玉菌・1割	善玉菌・2割	日和見菌・7割
菌の役割	●動物性たんぱく質（肉、牛乳、魚、卵など）を分解 ●増えると毒素を出し免疫を低下させる ●便秘や下痢が起こりやすくなる	●有害な菌の繁殖を抑制 ●免疫機能を正常に保つ ●腸のぜん動運動を正常に行う	●腸内細菌の多くを占めている ●善玉菌、悪玉菌の優勢な方に加勢する
菌の種類	大腸菌 ウェルシュ菌 ブドウ球菌	ビフィズス菌 乳酸菌	嫌気性連鎖球菌 バクテロイデス

腸内細菌の理想的なバランスを保つ食事を心がけましょう。

理想的な腸内環境とは

　先ほど赤ちゃんの腸内細菌は、お母さんの産道を通るときに、お母さんの腸内細菌を譲り受けるとお話ししました。では帝王切開という場合はどうなるの？　と疑問がわくかもしれません。

　帝王切開では残念ながらお母さんの腸内細菌を引き継げません。でも心配はいりません。普通分娩でも帝王切開でも、いずれも母乳や粉ミルクを飲むことで、その成分であるオリゴ糖を栄養源として、腸内細菌のビフィズス菌を増やしていけるのです。

　赤ちゃんは成長するにあたり、良い菌だけでなく悪い菌も増えていきます。この悪い菌と戦い、腸を守ってくれるのが他ならぬ「ビフィズス

菌」なのです。ビフィズス菌は善玉菌の代表的な存在です。このビフィズス菌を増やすためには、しっかりと授乳を行い、正しい離乳食を食べて、健康な腸内環境を作らなくてはなりません。

　男の子は、食の細い女の子と比べて、早くに大人と同じ食事を食べるようになります。その結果「男の子は腸が弱く、よく下痢になりがち」です。しかし時間が経ち腸内細菌が十分に増えれば、内臓（消化機能）が完成していきます。未完成な時期に離乳が早く大人と同じものを食べることは、体にとって大きな負担となり、それが下痢につながるのです。

　大人と同じものを食べることができるには、腸内細菌が十分増えることが不可欠です。内臓機能が完成し、消化酵素が十分に機能できるようになって始めて、大人と同じ食事ができるようになるのです。

　腸内細菌のうち日和見菌は、どっちつかずで、善玉菌の味方をすることもあれば、時には悪玉菌の味方をすることもあります。腸内環境を維持するためには、日和見菌に善玉菌の味方をしてもらわなければなりません。

腸内環境を維持するために
　①善玉菌のえさになるオリゴ糖や食物繊維を取る
　②発酵食品を食事に取り入れる
　③発酵食品の摂取時期、量を正しく理解する

　腸内環境を作るには子どもが３歳になるまで、お母さんの調理努力が必要になります。

①善玉菌のえさになるオリゴ糖や食物繊維を積極的に取る

　生後直後からオリゴ糖を十分に取ること、そして離乳食の時期に十分な食物繊維を取ることが腸内環境の健康維持につながるというわけです。オリゴ糖は、母乳にのみ含まれているので、なるべく母乳で育てましょうと推奨されるのは、そのためです。母乳にはオリゴ糖だけでなく様々な菌が含まれています。

6か月	母乳	さつまいも	にんじん	じゃがいも	かぶ	穀物
7か月〜8か月	玉ねぎ	ブロッコリー	かぼちゃ	ほうれん草		
9か月〜11か月	りんご	柑橘	きゃべつ	豆腐	アスパラガス	
1歳	バナナ	きのこ類	味噌などの大豆製品	発酵食品		
2歳	ごぼう	れんこん	わかめ	たけのこ	はちみつ	

②発酵食品を積極的に取り入れる

　生後1年ぐらいのいわゆる離乳後期になって積極的に取り入れたいのが、発酵食品です。発酵食品というと難しく考えがちですが、「味噌」「ヨーグルト」「しょうゆ」など、調味料的な役割を果たす食材が一般的です。

　最近の「味噌」「しょうゆ」には、十分な発酵ができていない調味料もあります。発酵の程度を見極めて、望ましい発酵食品を取ることをお勧めします。

③発酵食品の摂取時期と量を考えよう。

　発酵食品は、腸内細菌を増やすことが知られていますが、乳児期は内臓機能や消化機能が確立していない時期ですので、「いつ、何を、どの

くらいの量」与えるかが、難しい選択かもしれません。しかし基本的な知識さえ身につければ鬼に金棒。子どもの健康に大いに貢献してくれること間違いなしです。

　まず離乳食の初期では生活環境や野菜などで腸内環境を整えることを意識をしましょう。発酵調味料は、善玉菌を多く含み腸内細菌のバランスを整えるのに適しています。離乳食の後期になり、ようやく調味料を使い始める時期になったら、少量ずつ取り入れましょう。

●かつお節　【目安：7か月〜】

日本が誇るだし文化、その代表的な食材であるかつおぶしも立派な発酵食品。 イノシン酸という、うま味成分があり 離乳食初期は、塩や醤油で味付けを するよりもかつおや昆布でだしをとり うま味を上手に使いましょう。 完了期までは、薄めて使いましょう。

●甘こうじ（甘酒）　【目安：8か月〜】

　甘こうじは、お米のみの自然な甘さが特徴です。そのままでもおいしくいただけます。おやつ、料理にも砂糖の代わりに入れるなど、お料理に使うこともできます。授乳中のお母さんの栄養補給にもぴったりです。赤ちゃんには、少量を薄めて与えてください。

●納豆 【目安：9か月〜】

納豆は蒸した大豆に納豆菌を繁殖させたもの。食物繊維が豊富で栄養価も高く、納豆菌が腸内環境を整えてくれます。

添付のタレは使わずにそのままの味で食べましょう。初めは、熱湯にくぐらせ細かく刻んで与えましょう。

●しょうゆ 【目安：9か月】

原材料をよくみて、無添加のものを買いましょう。基本の原材料は大豆、小麦、食塩です。味付けが可能な離乳食後期から使えますが、1滴から使いはじめましょう。

●塩こうじ 【目安：10か月〜】

とても簡単に作ることができます。食材を漬け込むことで、食材のうま味もUPし、消化吸収もよくなります。ぜひ、大人の普段の料理にもどんどん取り入れていただきたい調味料です。赤ちゃんには、離乳食後期から使えますが、1滴から使い始めましょう。

●味噌 【目安：10か月〜】

手作りをするのがお勧めです。工程がつぶす→こねる→丸めるだけなので、親子で楽しめます。市販の物を買う場合は、大豆、塩、麹で長期熟成や無添加のものを買いましょう。塩分がありますので初めは、ごく少量からスタートしてください。

腸から見る離乳食

口は、食べ物が最初に通る入口にあたります。口の中でしっかりと食べ物を噛み砕くことで、腸に運ばれた時に消化の負担を減らせます。

仮にあまり咀嚼しないで飲み込む癖をつけてしまうと、消化に影響がでて便秘をおこしたり、食べ物の栄養をしっかり吸収できないまま、体外に排出されます。しっかりとよく噛むという習慣を離乳食のときにつけさせることで、腸への負担が減り、消化吸収がよくなり腸内環境が整います。

よく噛むことは、腸内環境を整えることとつながりがあるのです。

ほとんどの離乳食は、6か月からスタートして1歳前後で完了しています。現実には、もっと早く切り上げている家庭も多いかもしれません。

しかし、最低でも2歳までは口腔環境も整ってはおらずしっかりと食べる力を養うまでは、離乳食を続けた方がいいでしょう。

腸内環境の面からみても消化機能ができあがるのが2、3歳です。

離乳食の時期が一生続くわけではありません。

3歳までのお子さんの食生活に気をつけてあげれば、丈夫な体、しっかりした味覚形成、咀嚼力が育ちます。それは一生の健康にも結びつきます。

離乳食の進み具合や、食べ方には個人差があって当たり前のことです。本の通りに進まないからといってあせらずに、ゆっくり赤ちゃんの成長に合わせて進めましょう。

3歳までに腸内の基礎ができあがります。

食の知識を正しく理解し、健康な体を育んであげたいですね。

成長に合わせて大きさや硬さを変えましょう

　月齢に合わせた硬さで食べ物を与えることで、舌の動き、噛むことの訓練をしてよく噛めるように習慣をつけさせます。

　よく噛むことで、消化機能の負担を減らします。

離乳食を与える時は、早食いにならないように、時間にゆとりを持ちしっかりと口の中でよく噛んで飲み込んだのを確認してから次を与えるようにしましょう。

お米の与え方

　まずは、アレルギー反応が少ない炭水化物。炭水化物の代表である「米」は、日本食には欠かせない主役（主食）です。

　どの離乳食の参考本にも掲載されているので、問題点も疑問点も多くないと思います。

　米粒から調理しなくても、日常食べている「ごはん」を活用して作ることをお勧めします。離乳食は、当然しっかり作らなければなりませんが、1〜2年も離乳食を続けなければいけないのですから、手を抜けるところは抜いても構いません。

		ご飯：水
5〜6か月	10倍粥	1：5
6〜7か月	7倍粥	1：3
7〜8か月	5倍粥	1：2
1歳〜	軟飯	1：1

最も注意したいアレルギー対策

アレルギーをひきおこす特定原材料として、

卵、乳、小麦、えび、かに、落花生、そば、くるみの8種類が含まれる食品は表示が義務付けられています。

アレルギーは、0歳で1番多く、5歳以下で80％、10歳以下で90％と報告されています。特に1番多いのが、鶏肉、牛乳、小麦のアレルギーです。

アレルギーは、近年、学校給食で問題視されるようになりましたが、実は0歳からすでに始まっています。しかし、小さい頃はあまり目立ちません。成長するにつれて免疫力が低下し、アレルギー反応が強くあらわれるようになるようです。

0歳からのアレルギー対策としては、内臓機能が完成する3歳までに、腸内細菌をしっかりと育てることです。今のおじいちゃん、おばあちゃんの時代は噛み応えのある食材が多く、しっかり噛んでいるうちに免疫が増し、アレルギーも知らないうちに治っていたと考えられます。

離乳食に関しては、いろいろな指導本が出版されていて、どの本も、大変参考になります。1番大切なのは、ゆっくりと時間をかけて、焦らずに離乳期を過ごすことです。栄養よりも、味覚や噛む習慣を優先することが将来の健康に役立つはずです。

ヨーグルト

　ヨーグルトの原料は牛乳です。牛乳もアレルギー反応は高いので、離乳食では午前中に提供し、何かが起こっても医師の助言を得られるように試みましょう。

　液体状のヨーグルトは、母乳や粉ミルクに簡単に混ぜて使うことができます。腸内環境ができあがっていない3歳未満には、薄めて使うことも可能です。

　ただし、ヨーグルトは発酵食としてではなく、牛乳の苦手な場合の乳飲料の代用品と考えてください。甘味の味つけとして、糖度の高いジャムは使わないようにしましょう。

注意2　**味噌**

　味噌の原料は、アレルギー反応の高い「大豆」です。

　そこで、味噌を調味料として少量ずつ使う、薄めてスープにするなど、使い方を工夫しなければなりません。

　今は発酵味噌が簡単に作れるようにキットになって販売されています。市販の味噌を購入する際は、塩分や成分表をしっかり確認し、選びたいものです。

　だし入り味噌は、塩分が高く、化学物質や添加物が入っている可能性が高いので、なるべくだし入り味噌は使わないようにしましょう。

【良い例】　無添加味噌の表示

　米、大豆、塩、ただし米の代わりに、麦が使われる場合もあります。

【悪い例】　だし入り（化学調味料）味噌の表示

・調味料（アミノ酸）、タミンB2（発色剤）

・保存料（ソルビン酸）

・酒精・アルコール・エタノール

◆無添加味噌の表示

【良い例】

名　称	米みそ
原材料名	大豆(国産)、米(国産)、食塩
内 容 量	750g

　無添加味噌は米、大豆、食塩の表示しか記載されていないので、それ以外の記載があれば化学調味料が含まれていると判断します。「長期熟成」「要冷蔵」の表記があれば、安心安全といえます。

　味噌だけでなく、「だし入り」表記の食品は、化学物質の使用が疑われますので、注意が必要です。

　なぜ、１歳まで味噌汁を飲ませないかというと肝臓機能が完成していないからです。また大人と同じ味覚を早期につけないという理由もあります。

　では、どの程度の濃度が望ましいのでしょうか？

　味噌は裏ラベルに栄養成分と塩分含有量が記載されています。

　１歳までの乳児の塩分摂取量は0.5g

　１歳から２歳の乳児の塩分摂取量は1.5g

以上の程度が適切といえます。

　わざわざ子ども専用の味噌汁を作る必要はありません。大人の味噌汁を３〜４倍に希釈して乳児用味噌汁を作りましょう。これはあくまで、塩分濃度を基準にした味噌汁の与え方です。どうせなら、味噌汁を飲ませないほうがいいのでは？　という疑問がわきますが、腸内環境が３歳までに完成することを考えれば、発酵食品の代表である「味噌」は、摂取させたいものです。

根菜類は離乳食に最適

　ジャガイモ、サツマイモ、里芋など根菜類は、「米」の次いで離乳食に向いているアレルギー反応の少ない食材です。茹でた後に、スプーンで簡単につぶせますので、意外と手のかからない離乳食です。離乳初期に与えすぎると、筋っぽい食感を舌が覚えてしまうので、野菜嫌いになる可能性があります。

　3歳までは舌を十分に発達させ、離乳後なんでも噛める子どもに育てておかなければなりません。

　ピーマン、春菊など香りと味の濃い、苦みを感じる野菜は、調理方法など変える工夫をしましょう。「食べず嫌い」にならないように「また食べたい」と思ってもらえるようにしたいものです。

　離乳食は、決まった時間、決まった分量を与えても、乳児の状態によって、嫌がって食べない、食べすぎる場合もあります。あまり神経質にならず、食べることに興味持たせるように自主性を尊重しましょう。

　2歳ぐらいになると、自我が芽生え、味付け、食感など好き嫌いを主張するようになります。おおらかな気持ちで献立を考えましょう。

　食物繊維の筋に直角に切ることで、少しですが食べやすくなります。

うんちで腸内細菌バランスをチェック

　離乳食を始めるとうんちも変化してきます。

　離乳食初期(6か月)では、まだ柔らかいですが中期(8か月)になり離乳食になれてくるとうんちの様子も次第に大人に近いものになってきます。

　赤ちゃんの健康の変化も確認できますので、チェックするといいですね。

	腸内バランスがいい時	腸内バランスが悪い時
	バナナうんち	コロコロまたはドロドロうんち
におい	あまり臭くない	悪臭
形	やわらかいバナナの形	コロコロしている、硬い、または下痢

　悪玉菌優勢の腸内環境では、便秘や下痢などお腹に不調がみられます。食べているものを見直し、善玉菌優勢の腸内環境を維持できるといいですね。

離乳食の知識をしっかり学び、調理を実践することは難しいものです。そこで、決して避けたい離乳食を挙げてみました。

意外に知られていない野菜果汁100％の錯覚

野菜不足を解消するために、野菜・果物100％のジュースが手軽に販売されています。

「濃縮還元」と聞くと、身体に良いように錯覚をしますが、あまり健康にいいものではありません。

もともと野菜や果物は、90％が水分で、あとの10％が栄養や果肉や繊維質です。濃縮還元とは、90％の水分を飛ばして乾燥させて、再度、水を加えて、液体にしたものです。90％の水分を飛ばせば、野菜や果物本体についていた農薬や保存剤など濃縮されてしまいます。

では、農薬を使わない水耕栽培はどうでしょう。水耕栽培は、確かに農薬は使いません。ただし、循環する水は腐って悪くならないように水質保持のための保存剤や殺菌剤が使われています。水分を飛ばして粉状にすれば栄養も濃縮されますが、それ以上に健康を阻害する成分も濃縮されるわけですから、「濃縮還元」がいいものでないことがわかるでしょう。

できるだけ果物や野菜そのものを、手絞りで与えるようにしましょう。離乳期といっても、そんなに多量の果実や野菜を与えるわけではありません。スプーン1さじ程度の野菜や果物のしぼり汁は、すりつぶす、絞るなど、簡単に作れます。

◆濃縮還元ジュース・乾燥粉体の利用

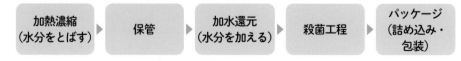

| 加熱濃縮（水分をとばす） | → | 保管 | → | 加水還元（水分を加える） | → | 殺菌工程 | → | パッケージ（詰め込み・包装） |

気をつけなければならない隠れ塩分摂取

　調理を行う際に、実際に塩やしょうゆで味付けを行う「直接塩」でなく、最初から食材として「隠れ塩」が問題となっています。たとえば、食パン、アップルパイ、うどんやそうめんなど比較的安心な食材に思われがちですが、つなぎなどに使われているのが「隠れ塩」です。

　本やインターネットでは、色鮮やかで、おいしそうな、なおかつわかりやすい離乳食の献立ばかりです。選んだメニューが本当に安全なのか確かめてみましょう。

1歳までの塩分摂取量の目安は0.5g
1歳～2歳までの塩分摂取量の目安は1.5g

　上記は、塩分の使用目安ですが、塩を使い始めるのは、生後8か月以降と指導しています。生後8か月以前には、塩を離乳食で使用しないほうが望ましいからです。

　私たちは、塩を使っていないメニューを選んでいるつもりでも、実際は塩を知らず知らずのうちに摂取している場合が多いようです。

　パン粥は、比較的短時間で簡単にできるために、離乳食として選ばれやすいメニューです。

　実はこのパンが特に注意すべき食品なのです。市販のパンには、さまざまな添加物が入っており、必ず塩を使っているからです。塩を使っていないはずのパン粥ですが、知らないうちに塩分を与えていることになります。

　そうめんやうどんなどの麺を使った離乳食も気をつけなければなりません。炭水化物なので、アレルギーも少なく、一見健康で安全なように見えますが、そうめんやうどんなどの麺類には、塩が使われています。特にそうめんは、塩だけでなく、つなぎに油が使ってあるので、離乳食に積極的に使うべき食材とは言えません。

そうめんを茹でた後、しっかりと水洗いを行うのは、つなぎにつかわれている油を洗い流す意味もあります。

また、うどんなどに使われている小麦粉に含まれるグルテンは、腸内細菌に悪玉菌のえさになり、増えすぎると便秘体質になることも報告されています。

便利な冷凍野菜には、色止めとして塩を使っている場合もあります。

最近では、食塩相当量としてラベルに表示すること義務付けられていますので、隠れ塩分量の摂取の目安にしましょう。

◆年齢別塩分摂取量の目安

年齢	摂取塩分量
1歳まで	0.5g
1歳から2歳まで	1.5g
2歳から3歳まで	2g
3歳から5歳まで	3g

以上の表は、あくまで理想的な塩分摂取量の目安です。

実際には、パン粥で食パンを2分の1枚使えば、0.5g程度の隠れ塩は摂取していますから、同じ日にシラスご飯を食べるとそれだけで塩分オーバーになります。「おいしい」という味覚には、塩分がつきものです。「隠れ塩」をいかに抑えるかは、難しい問題です。

正しい知識を持ち、子どもの健康をお母さんの手で作り上げてください。

◆塩分含有量の目安

塩 **15g**	濃口しょうゆ **2.7g**	薄口しょうゆ **2.9g**
マヨネーズ **0.3g**	**調味料大さじ1の塩分量**	ケチャップ **0.6g**
梅干し **0.6g**		とんかつソース **0.9g**
辛味噌 **15g**	甘味噌 **2.9g**	ウスターソース **1.4g**

健康に見えて不健康な野菜や果物の落とし穴

　昔は、農作物だと言えば「国産品」と呼ばれるものばかりでした。ところが、近年では、野菜や果物は、水耕栽培や海外からの輸入など、様々な場所で収穫された野菜が年中出回っています。

　見た目には、立派な野菜ですが、特に海外産は、「ポストハーベスト」という特殊な、化学物質を心配しなければなりません。
「ポストハーベスト」という言葉は聞きなれないかもしれません。

　たとえば、ジャガイモやみかん。海外からくるときは何十時間も、何日もかかって日本に入ってきます。途中で、芽が出る、ミカンは古くなって腐らないように、防腐剤や防かび剤など、収穫後、移動時に化学物質を塗布されて、きれいな状態で輸入されているのです。

　成長途中で噴霧される農薬とは、まったく性質の違うものです。

　農薬は、農作物の表面だけに付着するので、皮をむけばまだ、大丈夫です。ポストハーベストは、農作物の内部まで浸透しますので、いくら皮をむいても、知らず知らずのうちに体の中に入っていくわけです。
このポストハーベスト、発がん性など農薬の100倍ほどの危険性がある

と報告されています。なるべく、農作物を買う場合は、産地を確認しながら、日本産を選びたいものです。

「遺伝子組み換え植物」と聞いたことがありませんか。日本は、大豆製品など、多くの食品を海外に頼っています。昔からある豆腐などの大豆製品ですが、ほとんどが輸入大豆です。

　たくさん収穫できるようにするために、害虫に強い除草不要の大豆ができるように、遺伝子の組み換えを行った農作物です。この遺伝子組み換え農作物は、ポストハーベスト同様に発がん性が問題になっています。

　離乳食の量や期間はほんの少しですから、まずは安全な農作物を選んであげましょう。

◆食生活の現状と問題点

　○ポストハーベストとは…

　　収穫後の農産物に使用する殺菌剤や防カビ剤

食品添加物、実は「農薬」より怖い！

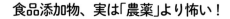

農薬の中には、 **発がん性**等が 疑われる薬剤も 存在する	農薬は表面に付着 するだけはなく **皮の中にまで浸透** する危険性あり	ポストハーベスト農薬は 通常、畑で使われる **農薬の** **100 〜数百倍**

化学物質の摂取量は、知らず知らずに1年間に**4kg**

　○**遺伝子組み換え食品**

　　どうして遺伝子組み換え施品が問題なのか？

　　■**体内に蓄積されやすい**
　　■**動物実験では、発がん性が確認されている**
　　■**免疫力が低下する**

第9章 頭脳は噛むことで発達する

　昔から「お受験」と言われるほど、塾通いを行い、賢く育てるのに必死になる時期があります。

　必死にお金をためて、塾通いをさせて、一流大学へ進学させる。塾に行くために、お弁当やハンバーガーやから揚げなどのジャンクフードで育った学生より、しっかりと家庭で3食食べている学生のほうが1流大学への進学率が高いことが報告されました。

　実は、私たちは、3歳になるまでに、いろいろな箇所で刺激を受け、知能の発達につながっているのです。

　乳幼児期に、砂遊びや積木など手のひらで刺激を受けて、その刺激が脳へ伝達することが報告されています。

　足の裏でも、はだしで駆け回ることやジャングルジムに登るなど、刺激を感じ、その刺激が脳へ伝達します。

　脳への伝達へは、手のひら25％、足の裏25％の刺激からです。

　では、残りの50％は、何の刺激により賢くなっていくのでしょうか。

　残り50％は咀嚼する（噛む）ことにより知能が発達するというのです。

そしゃく環境により子どもの成長が著しく変わる
○子どもの脳の約80％が3歳までに出来上がる。

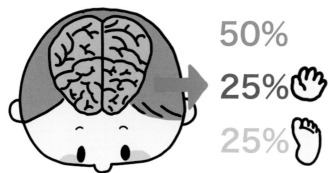

「噛む」教育は賢くて、健康な子どもをつくる

塾通いさせるのではなく、しっかりと食事を取らせること、これが何より賢い子どもを育てることにつながるのです。

　食事は、柔らかいものばかりを与えるのではなく、しっかりと噛み応えある食事の献立を選ばなければなりません。噛み応えある食事は、離乳食を通して咀嚼力をつけていなければ食べたいと思えません。それほど、噛むことの習慣付けは、重要なのです。

　近年、社会全体が柔らかいものばかり食べるようになって、「十分に顎が発達しない、噛む力が足りない」といった問題が増えています。その結果、見た目にはきれいな歯でも「噛み合わせ」が問題視されるようになったのです。

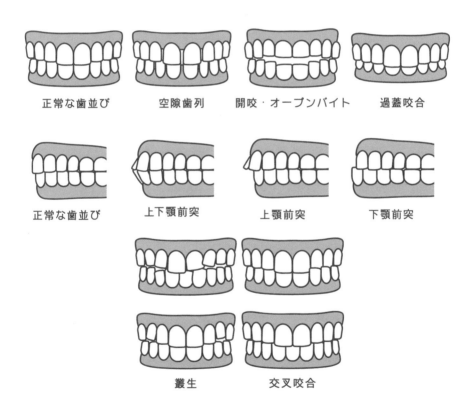

| 正常な歯並び | 空隙歯列 | 開咬・オープンバイト | 過蓋咬合 |

| 正常な歯並び | 上下顎前突 | 上顎前突 | 下顎前突 |

| 叢生 | 交叉咬合 |

一つ一つの食材は、噛みつぶすまでの、噛む回数に違いがあります。たくさんの食材を使っている「おでん」を例に見てみましょう。

予想と違い、意外と噛む回数が多い食材も見受けられます。はんぺんや練り製品は、噛む回数は高いものの加工食品としてイメージがいいものではありません。多量に食べるわけではありませんので、離乳完了期に、噛めるかどうか、試してみることも大切です。

「食べず嫌い」という言葉もあります。1度、口から出しても、何度も試すことも必要です。味覚は、3歳までにでき、嗜好として将来にわたり影響を与えます。味だけでなく、噛み応え（食材の硬さ）の影響を改めて考えていきましょう。

お菓子の消費量もガムやキャラメルなど、減り続けているそうです。幼い時から、柔らかい食べ物が多く、咀嚼力を必要としないので、噛

み続ける嗜好品のガムやキャラメルは人気がなくなっているようです。ガムやグミは、咀嚼を上げる練習としては、決してマイナスではありません。噛む回数を意図的に増やすことを意識してください。

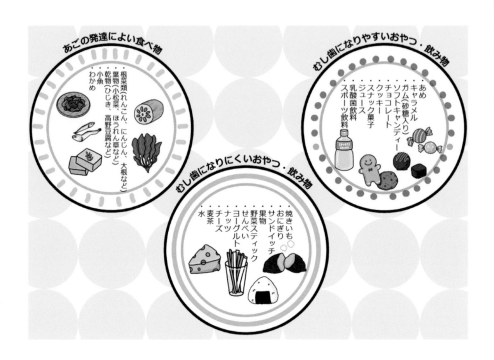

食事を安定させるための睡眠

　赤ちゃんは、１日のほとんどを寝て過ごします。おなかがすくと、口を動かして空腹の意思表示を行います。数か月経つと、次第に、泣くことで意思表をするようになります。そして、母乳やミルクでおなか一杯になると、またぐっすりと寝てしまいます。赤ちゃんが眠りについた時間、やっとお母さんは、つかの間の自由な時間にホッとすることでしょう。

　そして、成長と共に起きている時間が少しずつ増えていきます。母乳やミルクだけ飲んで短かった食事時間も、離乳食が進んでいくにつれ、次第に長くなっていきます。成長と共に、「食事」は、会話、姿勢、味わうなど、楽しみながらの団欒の要素を持つようになるのです。この食事は、

ぐっすり眠ることができないと食欲がわかず、食事の量や時間に大きく影響を受けるのです。幼い時期から、しっかりとした睡眠と食事に心がけてあげてください。ハイハイやよちよち歩きができるようになるまで、危ないと思わず、しっかり練習させましょう。生活習慣を通して、自然の運動を行うことは、睡眠や食事にいい影響を与えるからです。

　睡眠から目覚めたときに、母乳や粉ミルクを飲ませることは、寝ているときに下がる体温を上昇させて、活動を活発にする効果があります。離乳食が進み、おやつを与える時間も、お昼寝の後が望ましいでしょう。

第10章

災害時の口腔衛生について

　地震や台風など、最近では、避難を要する場面も考えなければなりません。電気や水道が止まるような非常事態は、お口の中を清潔にする歯ブラシも行えません。通常と違い、衛生管理できず、いろいろな感染症にかかる不安が出てきます。

　そういった際、歯ブラシの代用を考えてみました。

①マスクや、トイレットペーパー以外の不織布を利用する

　マスクを分解すると薄い３層構造になっていますので、１枚ずつ使い歯の周りを拭いてあげましょう。子どもの上唇小帯は、ほんの少しの刺激でも痛みを感じます。用心して上唇小帯を触れないように心がけてください。

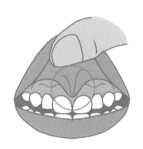

②輪ゴムの利用

　意外と輪ゴムは、冷蔵庫や袋物お菓子などをくくっていたり、結構どこにでもあります。輪ゴムを引っ張って伸ばすと、フロスの代わりになります。ある程度乳歯が生えそろっている場合、効果的といえます。

③ガムを噛ませる

　ガムやグミを噛ませることによって、歯ブラシの代用ができ、唾液の分泌も促されるので、一石二鳥といえます。ただし、過去にガムやグミを食べたことがある場合に限ります。ガムは、消費期限が切れていても問題がありませんので、災害用に保存しておくこともお勧めです。

　① 〜③は使った後は放置せず、必ずビニール袋に入れて、毎回捨て

るようにします。他の人への感染を防ぐためです。

　いずれにしても、しっかりぶくぶくうがいをできる限り、何回も行いましょう。

　水道水が貴重で飲み水が少ない場合は、食事に後に飲む水やお茶で口の中をまわし、ゆすぎながら飲み込みましょう。非常時ですので、汚いなど言っていられません。

　少しでも、お口に中を清潔に保つ工夫を行いましょう。

非常時の離乳食

「非常時に、離乳食はどうしたらいいの？」という質問を、最近受けるようになりました。

　水道や止まっている際に、どうやって離乳食を調理すればいいのか、何を食べさせればいいのか、戸惑うお母さんも多いはずです。

　大切なのは、代用と工夫です。

　赤ちゃんにとって、「離乳食は栄養より噛む練習」といったことを思い出してください。

　大人と同じ食材では口に中も、消化能力も負担になるだけです。普段から流動性ある、保存性ある離乳食に代用できるものを用意しておきましょう。

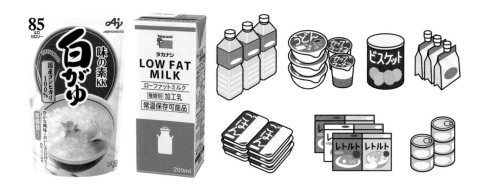

災害時には、パンやご飯など支給されるようになっています。その中で、ある程度流動性があるものを代用品として選びます。災害用の保存性の高いミルクなどは普段から用意して、支給されたパンに浸すなど、即席パン粥を作ることもできます。そのときにパンは、なるべく菓子パンなどではなく、甘さを抑えたものを選んでください。ストレスなどで母乳が出なくなったりすることもありますので、赤ちゃんのために、お母さんの栄養管理にも十分気をつけて、しっかり食べましょう。

　まだまだ、離乳初期の段階で、液体しか飲めない場合があります。その際は、哺乳瓶が見当たらない場合も考えて、スポイドや注射針のついていない注射器があれば、哺乳瓶の代用ができます。少量ずつ、舌の上に、スポイドや注射器でお乳を落としてあげてください。

簡易お粥の作り方
①支給されたご飯粒を水に浸す。
②❶でふやけたご飯をつぶして、簡易のお粥を作る。
　加熱できる環境であれば熱を加え、
　適度なお温度で与える。

簡易パン粥の作り方
①調理パンや菓子パンしかない場合、
　味付けがない箇所を選び、ミルクや水に浸す。
②加熱できる環境であれば熱を加え、
　水分の加減で離乳時期を選び与える。

　地震や台風などの災害は、突然起こり、食事(離乳食)だけでなく、歯ブラシ環境も悪くなりがちです。工夫できることを最大限試し、健康維持を行いましょう。災害後、糖質過多の健康被害が報告されがちです。食べるだけでは、健康維持ができません。選んで食べることが必要なのです。

　近年、腸活という言葉をよく聞いたり、見たりと多くのメディアで取り上げられています。

　腸の環境が健康に影響を与えるというのがわかり、腸内環境を整えることが健康維持につながると考えられ、腸活ブームが巻き起こりました。

　腸活が一番必要なのは、妊婦さんかもしれません。赤ちゃんは出産のときに母親の腸内細菌を受け取ると言われています。赤ちゃんに理想的な腸内細菌をプレゼントするためにも、お母さん自身が腸内環境を整えることをお勧めします。腸内環境を整えることは妊娠期〜産後のトラブルにも役立ちます。

妊娠期〜産後ママに嬉しい発酵食の効果

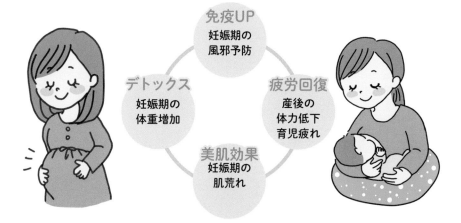

　私たちの腸は、食べたものを消化吸収し、老廃物は外へ出すという作業を365日毎日繰り返し、休むことなく働き続けてくれています。腸内の中には体を守る免役細胞が7割も存在し、腸内環境が悪くなれば免疫機能も低下します。その反対で、腸内環境が整っている場合は、免疫機能が正常に働いてくれますので健康な体を維持できるわけです。

　腸の働きは、私たち人間の機能だけでは完成しないのです。

腸内に住む腸内細菌の力を借りて食べ物をさらに分解し体内へと吸収されます。善玉菌が喜ぶ食事＝健康というわけです。

　そんな善玉菌の大好物がやはり和食にあります。欧米化の食事、小麦製品ばかりでは悪玉菌を増やします。日本人の基本は、和食です。ご飯を中心に旬の野菜、少しの魚や肉を食べていれば体は喜びます。嗜好品も時々なら大丈夫！　腸内細菌のバランスがいいと 体に不必要なものは、きちんと外に排出してくれます。

　ストレスも腸に悪玉菌が増える原因になりますので、リラックスできる環境づくりも大切ですね。

麹・こうじ・糀

麹菌

　こうじは、和食で使われる発酵調味料に欠かせない存在です。米、麦、大豆などに繁殖させ、発酵食品として利用されてきました。デンプンを糖へ分解するアミラーゼ酵素、たんぱく質をアミノ酸へ分解するプロテアーゼ酵素、脂質を分解するリパーゼ酵素など、たくさんの酵素が含まれています。これらの酵素の働きで、食材を柔らかくする、発酵食品の旨味や甘味を引き出すなど、古くから料理に活用されてきました。

　こうじに含まれる酵素の働きでオリゴ糖が作られると腸内細菌の善玉菌が増えます。善玉菌の数が決まる３歳頃には積極的に取らせて、健康な腸内環境を作っておきたいものです。特に、和食離れ進む中、発酵食品の役割を見直しましょう。

旬の食材が持つパワー

　日本には四季があり、春になれば、春の食材に出会うことで季節を味わうことができました。しかし、今では季節に関係なく手に入る便利な時代です。

　元々夏の野菜は、水分補給に適した、体を冷やす役目を持っています。冬は寒く体が冷えるので、冬の根菜類は体を温める効果があります。自分の住んでいる地域のものはそこに住む人々にとっても、相性の良いものが育っています。地元の食材を使うことは、地域活性化、輸送コストの削減（環境保全）にもつながり、何より新鮮な物が手に入るので食材を選ぶときの基準にしてみてください。

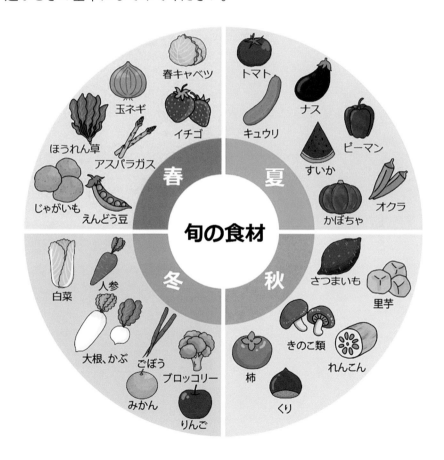

意外と知らない基本的な調味料の選び方

　スーパーには数多くの調味料が並んでいますが、商品のラベルを見て、原材料や製法を確認し、なるべく添加物や保存料が入っていないものを選びましょう。赤ちゃんに使用するときも安心安全な物がいいですね。

　国産丸大豆、天然醸造など、原材料が少ないものが好ましいです。

●しょうゆ

　原材料は大豆、塩、小麦です。

　国産、丸大豆、天然醸造と記載のあるものが好ましいです。

【良い例】

●名称:こいくちしょうゆ(本醸造)
●原材料名:大豆(国産)、小麦(国産)、食塩(国内製造)●内容量:800㎖

【悪い例】

名　称　こいくちしょうゆ(本醸造)
原材料名　脱脂加工大豆(国内製造)、小麦、食塩、果糖ぶどう糖液糖、砂糖、アルコール、調味料(アミノ酸等)、甘味料(ステビア、カンゾウ)、カラメル色素、ビタミンB₁

●塩

　天然塩、海水と記載されている物(天日干しならなおよい)。

【良い例】

名　称	塩
原材料名	海水

【悪い例】

名　称:塩
原材料名:海塩、グルタミン酸ナトリウム、炭酸カルシウム、クエン酸三ナトリウム

●砂糖

　精製されていないもの、てんさい糖、黒砂糖、きび砂糖など。

【良い例】

名　称	砂糖(てん菜含蜜糖)
原材料名	てん菜(ビート) 北海道 ※遺伝子組換えでない

【悪い例】

名　称:白砂糖
原材料名:原料糖(豪州製造又は国内製造又はその他)
内容量:1kg

●みりん

原材料がもち米、米麹、酒でできており、

本みりんと書かれているもの

※赤ちゃんに使う時は必ず火を通して、アルコールをとばしましょう。

【良い例】

品　目	本みりん
原材料名	もち米(国産)、米麹(国産米)、米焼酎
アルコール分	13度以上14度未満
エキス分	40度以上

【悪い例】

名　称	みりん風調味料
原材料名	水あめ(国内製造)、米および米こうじの醸造調味料、醸造酢／酸味料

●味噌

原材料が米麹、大豆、塩です。

国産大豆、長期熟成、無添加と原材料が少ないものが好ましいです。

【良い例】

名　称	米みそ
原材料名	大豆(遺伝子組換えでない)、米、食塩

厳選した国産大豆と国産コシヒカリ米を使い、八ヶ岳醸造蔵で長期熟成させた蔵人自慢のお味噌です。

【悪い例】

名　称	米みそ(だし入り)
原材料名	大豆(輸入)、米、食塩、こんぶだし、かつおぶし粉末、砂糖、こうじ発酵調味料、酵母エキス、かつおぶしエキス、むろあじぶし粉末、たん白加水分解物／酒精、調味料(アミノ酸等)、ビタミンB2

●めんつゆ

めんつゆにはたくさんの添加物が使われている物が多く、味覚育成のためには、こんぶやかつお、煮干しからだしを取り、みりんやしょうゆで手作りするのがお勧めです。

手作りの調味料で家族の腸内環境を整えましょう

　離乳食の後期になり調味料を使い始める時期なれば、ぜひチャレンジしていただきたいのが、手作りの発酵調味料。

　発酵調味料は、善玉菌を多く含み腸内細菌のバランスを整えるのに適しています。手作りの調味料は、原材料が明確なので、安心して使うことができます。

親子で楽しく！　手作り味噌

　手作りのお味噌は、同じ材料、同じ環境で仕込んでも同じ味にはならないのです。微妙に違うその味を醸しだすのは、手の温度や常在菌、発酵させるお家の環境なのです。

「味噌は医者いらず」という言葉があるくらい、人間の体を作るために必要な良質なたんぱく質が含まれます。とても健康的な食材です。

　手作りのお味噌は、親子で一緒に作る楽しみ、待つ楽しみ、食べておいしい！　体にいい！　と何拍子もそろった食品です。

　離乳食では調味料の使用が可能になりましたら、スプーンいっぱいの上澄液から試してください。継続して食べることで、腸内細菌のバランスを保つことができます。

◆日本の味噌の分布図

●**米みそ**→米こうじ、大豆、塩で作る
●**豆みそ**→大豆こうじ、塩で作る
●**麦みそ**→麦こうじ、大豆、塩で作る

米みそ
全国で生産みその
約80％を占める

麦みそ
九州、四国、
中国地方が
主な生産地

豆みそ
愛知、岐阜、三重の
東海3県が主な
生産地

そてつみそ

白味噌
短期発酵
1ヶ月
麹の割合が多い
塩分8％
甘口

赤味噌
長期発酵
1年以上
米と麹が1：1
塩分10％〜

合わせ味噌
2種類の味噌を
混ぜたもの

番外編：奄美群島（奄美大島・徳之島など）沖縄

ソテツ味噌

別名:なり味噌
地元の人は方言で、ソテツをなりと言う。
原材料:ソテツの実、こうじ（米または玄米）大豆、塩
ソテツの実には毒性があるが、発酵の力で毒を分解
している。おつまみ、お茶請け、調味料に使われる。
鉄分、ミネラルが豊富

簡単甘口味噌の作り方(1キロ)

【材料】

米こうじ(生)	500g
乾燥大豆	170g(煮大豆で約350g)
煮汁	100cc
塩	80g

【準備物】

容器(1.5ℓ)、アルコール(容器の消毒用)、キッチンペーパー
ビニール袋(食品用)、ビニールラップ、麺棒

※容器は、キッチンペーパーにアルコールを浸したもので拭き取り、消毒をしておきましょう。

【作り方】

①乾燥大豆をよく洗い、たっぷりの水で戻す。
　(12時間)

②水を入れ替えて、大豆の倍の量の水で柔らかくなる
　まで煮る。(2時間)※途中アクは取る

③大豆をザルにあげる(煮汁は捨てずにとっておく)。
　ビニール袋に入れて麺棒でつぶす(フードプロセッ
　サー、すり鉢、マッシャーを使ってもよい)。

④塩とこうじをよく混ぜておく。

⑤潰した大豆と❹と分量の煮汁を入れて、
　しっかりと混ぜる。

⑥こぶし大くらいの団子をつくる。(味噌玉)

⑦空気が入らないように容器に詰めていく。

⑧表面にかるくふり塩をする。

⑨表面にラップをかけて蓋をする。

⑩常温で発酵させる。

【発酵方法と発酵期間】

・直射日光の当たらない、常温で気温の差がないところに置き、
　発酵させます。
・発酵期間は、1か月程度
　完成の目安は塩味がまろやかになり、
　こうじの粒が柔らかくなっている状態です。
・完成しましたら、保存容器に移し替えて、
　冷蔵庫や冷凍庫で保存してください。（賞味期限３〜６か月）
・カビが生えたら、カビの部分を取り除いてください。

お味噌の使い方いろいろ

　甘口の味噌は色が淡色なため、いろいろなお料理に使うことができます。
　コンソメの代わりとして使うのがお勧めです。シチューやグラタン、ミートソース、ハンバーグの隠し味に使うとうま味とコクがUPします。

腸健康！　まいにち味噌玉
味噌玉の作り方

味噌は朝の毒消しと言われるくらい、デトックスな食品。
そんな味噌をいつでも手軽に食べれる味噌玉を作っておくと、大変便利です。持ち運ぶこともでき、お湯があれば即席味噌が完成しますので、外食の時にも便利ですね。
一緒に使う乾物は、だしの代わりになりますし、栄養も高く腸内環境を整えてくれます。

【材料】

味噌	8g(子ども用) ／ 17g(大人用)
乾物	適量

(干し椎茸、切り干し大根、青のり、乾燥わかめ、ごま)

【作り方】
①乾物は、細かくハサミで切っておきましょう。
②容器に味噌と好きな乾物を混ぜます。
③ラップで❷を丸めます。
④冷蔵庫または冷凍庫で保存しましょう。（賞味期限は1か月程度）

【使い方】
①お椀に味噌玉を入れてお湯を注ぐ
　（子どもの月齢に合わせて、濃さを調節しましょう）
②味噌玉をよく溶かしてお召し上がりください。

Wの発酵パワーで酵素たっぷり！
しょうゆこうじの作り方

しょうゆこうじ

しょうゆこうじは、とっても簡単に手作りできます。

しょうゆはもともと発酵調味料なので、そこにこうじをプラスすることでさらに発酵のうまみがUP。少量を使うだけで、しっかりと味が付きます。しょうゆと同じように使うことができます。

【材料】

しょうゆ	120cc
米こうじ	100g

【作り方】

①保存容器にこうじとしょうゆを入れて混ぜます。

　こうじがしょうゆに浸るくらいに入っていれば大丈夫です。

②常温で5日間発酵させ、1日1回は混ぜましょう。

　こうじの粒が柔らかくなっていたら完成です。

　冷蔵庫で保存しましょう。（賞味期限3か月程度）

しょうゆこうじの使い方

炒め物、炊き込みご飯、和え物、ドレッシング、煮豚、照り焼きなど

発酵メーカーがなくても作れる
混ぜるだけ！　簡単塩こうじの作り方

まろやか塩こうじ

塩こうじは食材にうま味やまろやかさがプラスされます。

塩分は、塩小さじ１の塩分量は５gですが、塩こうじ小さじ１の塩分量は、１gと1/5に抑えられます。お塩の代わりに使うと良いでしょう。

赤ちゃんには、味付けが可能になる離乳後期から、ごく少量でスタートしましょう。

【材料】※米こうじが生と乾燥では分量が異なります。

米こうじ(生)	100g	米こうじ(乾燥)	100g
天然塩	20g		25g
水(浄水)	100cc		150cc

【作り方】

①材料を炊飯器の内釜に入れて混ぜます。

②炊飯器の蓋は開けたまま、濡れ布巾をかけます。

③保温スイッチを押し４〜６時間保温します。

④途中２回程度全体をかき混ぜます。

⑤塩味がまろやかになり、こうじの芯がなければ完成です。

⑥完成したら冷蔵庫で保存。（賞味期限約３か月）

※粒があり使いにくい場合は、ブレンダーで滑らかにしましょう。

［発酵メーカーを使う場合］
45℃〜55℃の設定で4〜6時間発酵させます。
［常温の場合］
日の当たらないところで、常温で一週間発酵させる容器の蓋は密閉せず、一日一回混ぜます。

塩こうじの使い方

塩の代わりに使うことで、塩味だけではなく、うま味も味わえます。和えるだけで簡単に味付けができます。火を通さない和え物やドレッシングは、善玉菌をそのまま取りいれることができます。

食材を塩こうじに漬け込むことで、食材の組織が分解され食感が柔らかくなります。子どもの腸は未発達なので腸に負担が少なく消化できます。発酵の力を借りることで、悪玉菌の繁殖も抑制されます。

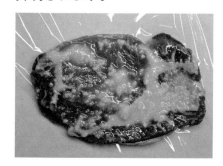

妊娠期の便秘解消、肌荒れにもお勧め！
甘こうじの作り方

ノンアル甘酒（甘こうじ）

　甘こうじは、飲む点滴といわれるほど栄養価が高く、熱を加えなくても食せるため、生きた善玉菌（乳酸菌など）や酵素をそのまま取ることができます。

　酵素は、消化の働きを助けてくれるので食欲がないときや、体調をくずした時にも適しています。ビタミンやミネラルも豊富で手軽に栄養補給ができます。

　離乳食では、薄めて使うなど甘くなりすぎないように気をつけながら使うと良いでしょう。

【材料】

こうじ（生または乾燥）	300g
ごはん（常温）	100g
お湯（60℃以下）	500cc

【作り方】

①炊飯器に材料を入れて混ぜます。

②炊飯器の蓋を開けたまま、濡れふきんをかけます。

③保温スイッチを押し6時間保温します。

④途中2回ほど全体をかき混ぜます。

⑤甘味があり、こうじの芯がなければ完成です。

⑥完成したら冷蔵庫（賞味期限約1か月）または、
　冷凍庫（賞味期限3か月）で保存できます。

※粒があり使いにくい場合は、ブレンダーで滑らかにしましょう。

※発酵しすぎると酸っぱくなりますが、調理に使用できます。そのままで食べにくい場合は
お料理に使いましょう。
※発酵メーカーを使う場合は、45℃〜55℃の設定で4〜6時間発酵させます。

甘こうじの使い方

そのままで、食べることができます。お砂糖代わりに料理にも使えます。野菜や果物を混ぜてスムージーも作れますので、つわりで食欲がないお母さんの栄養補給にもお勧めです。離乳食で使う場合には、こうじの甘味が強いので、少量を薄めて与えましょう。

うま味とだし

生まれて初めて口にする母乳には、うま味物質のグルタミン酸が豊富に含まれています。離乳食で使う昆布だしにも母乳と同じグルタミン酸が含まれているので、赤ちゃんがだしを好むことはごく自然なことだといえるでしょう。

「うま味」が持つ、その独特な香りやには特別なおいしさがあります。

しかし現代では、このうま味が人工的なものに置き換えられ、手軽なだしの素やめんつゆなどの製品を使う家庭も多く、大人でさえ本来のうま味がわからなくなってきています。

離乳食では、味覚形成の大きな時期です。ぜひ本物の味で育てたいですね。

炒りぬかのふりかけの作り方

私たちの主食にしているご飯は白米が一般的
になっています。精米するときに取り除かれ
ている糠には食物繊維、ビタミン、ミネラル
豊富に含まれています。

お米の栄養をあますことなく手軽に食べれる
ふりかけです。

離乳食では、塩分を調整して与えましょう。

【材料】

ぬか(できれば無農薬米)	大さじ3
天然塩	小さじ1/2
青のり	小さじ1/2
かつお節	小さじ1
すりごま	小さじ1

【作り方】

①ぬかは、フライパンで香ばしいにおいがするまで、弱火で10分程度
　炒ります。あとは、すべての材料を混ぜるだけです。
　保存容器に入れて、早めに食べましょう。(賞味期限1週間程度)

先生教えて！離乳食の疑問

離乳初期（６か月〜）

Q 離乳食のスタート時期がわかりません

A 書籍やインターネット情報では、いずれも６か月が離乳食のスタートの目安になっています。成長には、個人差がありますので、首が座ってからが１番望ましいと思います。

Q 母乳（ミルク）をよく飲み、離乳食が進まないのですが

A 離乳食は、「噛む訓練」が目的です。まずは、母乳を飲むことを優先し、母乳から栄養を取らせましょう。ただし、離乳食が進まないと判断しても、止めずに、離乳食を与えることを習慣づけてください。

Q 食べるのを嫌がるのですが、どうすればいいですか

A 先ほどの答えと重なりますが、まずは母乳を飲ませることを優先し、離乳食のスタートは、液体状のお粥を与える期間を長くしましょう。「食べる」よりも「飲み込む」ことで、母乳以外の味になれさせましょう。

Q どうやって沢山の種類を食べさせたらいいでしょうか

A 離乳食は、「噛む訓練」
離乳初期は、単一食材で味や噛み応えを試してください。１度の食ことで、たくさんの種類を食べさせる必要はありません。あまり神経質にならず、食べることが楽しみになるようにしたいものです。

Q 柔らかく煮込むと栄養は残ってますか

A 離乳食は、栄養よりも舌や口に中の機能を発達させることが重要です。舌や歯の成長に合わせて栄養より「柔らかさ」を重視する時期です。２、３年後、母乳をやめて何でも食べることができる時期に「栄養」を考えましょう。

Q 魚が「しらす」ばかりになってしまいます。大丈夫ですか？

A 離乳食は、100％親指導です。お母さんが「これがいい」と判断した食材を与えがちです。「しらす」は塩分が多いので、赤ちゃんも好むはずです。塩抜きを十分に行い、食材が偏らないように心がけましょう。

Q 葉物野菜やシャキシャキするものが苦手みたいです

A 離乳時期は「噛む訓練」を目的に徐々に噛む力を養わせなければなりません。十分に茹でて、食材そのものの味と触感を味あわせましょう。葉物野菜や歯ごたえのある食材は、十分柔らかく煮て、口に中の成長に合わせて与えましょう。与える時期や食材の硬さが適齢なのか、見直してください。

Q 市販の離乳食を食べさせるのが、罪悪感を感じてしまいます

A 共稼ぎや介護などの理由で、手作りの離乳食を与えることが難しい場合もありますが、罪悪感を感じることはありません。中身の状態や成分などラベルをよく見て口腔内の成長に合わせた離乳食を選びましょう。

じっと座って食べてくれません

A おなかがすいていない、よく寝ていない、嫌いな食べ物がならんでいるなど、じっと座って食べない理由があるはずです。あまり神経質にならず、優しい声掛けをしながら、座ることを促しましょう。椅子に座った時、足裏が床についていることも安定した姿勢につながります。食べなくても食事の終わりのあいさつ「ごちそうさま」を一緒に行い、食事時間を習慣付けましょう。

作るのが大変、面倒ですが、どうしたらいいですか

A 離乳食は100％親の指導で行われます。離乳食を作るのも一生続くわけではなく１、２年程度です。難しく考えず、「茹でる」「煮る」だけです。24時間は冷蔵保存で大丈夫ですから、１日分まとめて作り小分けに与えましょう。時々は、市販の加工された離乳食を選ばれても大丈夫です。ストレスのたまらない子育てを心がけましょう。

Q 離乳食を始めて便秘になってしまいました

A 離乳時期に便秘になったという経験は多いものです。赤ちゃんの腸内環境は未発達で、離乳食の水分がすくないと便秘になりやすいものです。十分に母乳やミルクを与え、水分量を減らさないように心がけましょう。便が固く、便の量が少なくても、機嫌がよく、食欲があれば大丈夫です。そのまま、離乳食を続けましょう。

◆離乳時期の便秘の頻度

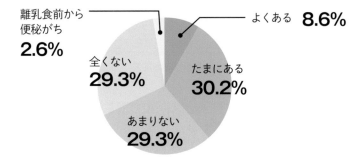

離乳食前から
便秘がち
2.6%

よくある **8.6%**

全くない
29.3%

たまにある
30.2%

あまりない
29.3%

Q 仕上げ磨きをさせてくれません

A 歯ブラシの毛先が痛い、歯磨き粉がおいしくないなど、歯ブラシ嫌いの乳幼児は多いものです。上唇小帯に何らかの刺激を受けた子どもは、歯ブラシは痛いもの、と思い込み、特に嫌がります。歯ブラシを赤ちゃん用、おかあさん用と2本用意し、遊び感覚で歯ブラシの習慣を付けましょう。仕上げ磨きはむし歯予防には必須です。だからと言って、神経質人ならないようにしてください。歯ブラシ習慣を小さい頃から身につけましょう。

離乳後期（1歳〜）

Q 市販のおやつを与えてしまのですが、
どのようなおやつが望ましいですか？

A 離乳食時期のおやつは、栄養より「噛む訓練」できるものを選びましょう。唾液ですぐに柔らかくなる菓子パンやスナック菓子はなるべく避けましょう。市販されている、味の薄い、噛み応えのあるお菓子を選びましょう。簡単に作れる「野菜ステック」は、お勧めです。噛みちぎって飲み込めなくても構いません。

Q 大人が食べている物を欲しがるのですが、
与えていいでしょうか

A 味付けが濃いもの、油物を避けて、口腔内の成長に合わせた大きさ、柔らかさの献立を与えるようにしましょう。ただ、親の口腔内のばい菌が口移しにならないように同じお箸を使わないように心がけましょう。

Q 2歳ですが、噛まずに飲み込んでしまいます

A 嫌いなものを噛まずに飲み込む、お茶やお水で流し込む幼児が多いようです。同じ食卓に水やお茶を一緒に置かないように心がけましょう。自分の唾液で見込むようにするには、よく噛ませて、食塊を小さくすることです。2歳になっても遅くありません。噛み応えのある食材を選び、固いものを嫌がらないようにしましょう。

ここからは、日本歯科大学新潟生命歯学部食育・健康科学講座で研究開発を行った商品について紹介します。

　歯科大学は、むし歯や歯周病の治療をする歯科医師を育てているだけではありません。災害時の防災食に開発やふるさと納税の商品開発など、意外なところで地域連携をとっています。

① 歯垢チェッカー

「口」は、人の体の中に外界のものが入っていく最初の入り口で、1番重要な機能を持ちます。その機能が十分に発達できるように、歯石や歯垢チェックを行い、丁寧なブラッシングを行わなければなりません。これまでは、普段からどの程度汚れているか、染め出し液を使って判断していました。なかなか取れないピンクの染め出し液です。1度、洋服についたら、決して取れない欠点があります。そこでライトを当てることで、歯垢がピンクに見えるステックを開発しました。体温計同様に家庭に1本あれば、口腔内の健康管理が簡単にできるはずです。

② 亜鉛（サプリメント）

30年ほど前、潮干狩りであさり貝やシジミ貝をとって食べることが楽しみな時代がありました。ところが、今は「貝毒」が問題視され、以前のように貝類が食卓に並ばないようになりました。この貝類には、『亜鉛』という栄養成分が入っています。この「亜鉛」は、食事にいくら工夫しても、どうしても十分に摂取できない栄養素で、体内に含まれる量こそ少ないものの必要不可欠な必須微量栄養素といえます。

亜鉛は、皮膚代謝、成長・発育、味覚機能にも影響を与えます。口内炎が直したい、身長を高くしたい、歯のエナメル質の修復など、様々な症状にお試しください。

歯科用サプリメントとして、歯科大学病院売店で販売されています。

③桑パウダー

「歯周病菌」が、糖尿病の原因菌であることが報告されて以来、食育による血糖値の改善が歯科領域でも積極的に行われるようになりました。

鎌倉時代から、糖尿病の症状には、「桑」を煎じて飲むのが効果的、と漢方の本にも記載されています。歯科大学では、にがみにない、飲みやすい粉末状桑パウダーの開発を行いました。お茶として、うどんに練り込み保存食用乾麺として、お菓子に混ぜて嗜好品としてなど、いろいろな使い方ができます。桑の栄養成分は、ミネラル、食物繊維などが豊富に入っていて、現代の野菜の救世主といえます。乳幼児と高齢者の方々に食べやすい桑パウダーを配合したうどんをふるさと納税の商品として開発しました。

④五穀玄米粥

災害用保存食として、栄養価の高いお粥缶詰めを研究開発しました。普通のご飯だけのお粥でなく、小豆・大豆・玄米・ハト麦を配合した栄養価の高い堅粥になっています。水やお湯で薄めることで、災害時だけでなく、普段から離乳食としてもお使いいただけます。お年寄りの食事にも利用できます。

このように日本歯科大学は、地域密着型の「食育」指導により、口腔内だけでなく、地域連携をとり、健康改善に寄与してきました。

　最近の地域連携では、大阪唯一の村である千早赤阪村と鹿児島県徳之島です。千早赤阪村は、高齢化率が60％を越し、はるか遠く鹿児島県徳之島は、子宝に恵まれた出生率の高い真逆の町です。遠く離れてはいますが、どちらも健康志向が高く、食育交流が始まっています。

　お年寄りには、知恵と経験があり、出産や子育ては、頼ることばかりです。今後、こういった食の交流が日本中に広まり、いずれは農業などの経済活動にまで発展すれば素晴らしいことです。

竹　　桑の葉

千早赤阪村

徳之島

黒糖　　ソテツの実　　なり味噌

千早赤阪村食育振興会協力
徳之島食育振興会協力

あとがき

　私が発酵食と出会ったのは、妊娠糖尿病になったのがきっかけでした。妊娠期のお母さんの食事の大切さに気付かされました。

　発酵食は、健康食ですがとてもおいしいのですぐに取りいれることができました。自宅で簡単に調味料が作れるので、安心して使うことができます。

　これまで、発酵料理の献立を中心に指導していました。特に、興味を持っていただいたのが、乳幼児を育てているお母さん方でした。発酵食の原点は、石塚左舷医師の「日本食養道」に始まりました。「日本食養道」には健康を目的として、どういったものを食べていいか、記されています。その中に、味噌、しょうゆなどの発酵食が説明されているのです。それから、石塚左舷の「日本食養道」を引き継がれた日本歯科大学生命歯学部が、『歯科医師の役目は、歯牙の治療だけでなく、食べる食材の選択から始まる』として、食育活動を日本中で行われていることを知りました。

　そこで、これまでにないエビデンスの基づいた離乳食の基礎を知り、日本歯科大学生命歯学部の食育を、地元のお母さん方を含め、子育てに不安を持たれるお母さん方の参考になれば、と思い発刊する運びとなりました。私自身4人の子どもに恵まれましたが、もっと早くに離乳食の基礎知識を知っておけばと残念で仕方がありません。

　今持っている知識が本当に正しいかどうか、選択の難しい時代です。子育てに関わるものが、「食」の正しい知識をもち、未来を担う子供たちの健康が守られるよう、今からでも遅くありません。本書が少しでも子育てのお役に立つことを願っております。

発酵料理研究家・発酵リカレント講師
今口早織

よだれ先生の「超実践講義」
0〜3歳までが大切
子どもがスクスク育つ「歯・口・舌」の健康新常識

第1刷　2024年3月31日発行

著　者　中野智子、今口早織

イラスト　和田知世
　　　　　※一部のぞく

編集・デザイン　株式会社ピーエーディー
　　　　　　　　山口香奈子

発行人　小宮英行
発行所　株式会社　徳間書店
　　　　〒141-8202　東京都品川区上大崎3-1-1
　　　　目黒セントラルスクエア
電　話　編集（03）5403-4332
　　　　販売（049）293-5521
振　替　00140-0-44392

印刷・製本　大日本印刷株式会社

Printed in Japan
ISBN978-4-19-865787-1

著者
中野智子
－なかの ともこ－

日本歯科大学新潟生命歯学部　食育・健康科学講座客員教授、三重大学大学院生物資源学科微生物研究室　産学研究員などを兼任。学会、研究会で多数講演を行っている。口の中に入るウイルスを殺したり、食べ物を飲み込みやすくする「唾液」の大切さを広く知らせる活動をしていることから、「よだれ先生」とも呼ばれる。

著者
今口早織
－いまぐち さおり－

発酵料理研究家。発酵リカレント講師。料理教室「発酵Laboつなぐ」主宰千早赤阪村食育振興会講師、任意団体「虹の輪」代表。妊娠糖尿病の経験から発酵食に出会う。食でみんなを元気に！ をモットーに日々、活動している。
【Instagram】hakkoulabotunagu

イラスト
和田知世
－わだ ともよ－

大阪在住。フリーのイラストレーター。主にデジタルとアナログ（水彩）で制作猫イラスト作家としても活動。
【instagram】t0m0116（※0は数字）
でほっこりする猫イラストを日々配信中！